U0608087

竞技制胜规律论

王统领　赵翠青　著

Winning Rules
of Competitive Sports

ZHEJIANG UNIVERSITY PRESS
浙江大学出版社
·杭州·

图书在版编目(CIP)数据

竞技制胜规律论 / 王统领,赵翠青著.—杭州：
浙江大学出版社，2022.11
ISBN 978-7-308-23196-1

Ⅰ.①竞… Ⅱ.①王… ②赵… Ⅲ.①运动竞赛－研
究 Ⅳ.①G808.2

中国版本图书馆 CIP 数据核字(2022)第 198636 号

竞技制胜规律论

王统领　赵翠青　著

策划编辑	吴伟伟	
责任编辑	陈思佳(chensijia_ruc@163.com)	
文字编辑	谢艳琴	
责任校对	马一萍	
封面设计	雷建军	
出版发行	浙江大学出版社	
	(杭州市天目山路 148 号　邮政编码 310007)	
	(网址：http://www.zjupress.com)	
排　　版	浙江时代出版服务有限公司	
印　　刷	广东虎彩云印刷有限公司绍兴分公司	
开　　本	710mm×1000mm　1/16	
印　　张	12	
字　　数	200 千	
版 印 次	2022 年 11 月第 1 版　2022 年 11 月第 1 次印刷	
书　　号	ISBN 978-7-308-23196-1	
定　　价	58.00 元	

版权所有　翻印必究　　印装差错　负责调换

浙江大学出版社市场运营中心联系方式　(0571)88925591;http://zjdxcbs.tmall.com

目　录

附　录　/ 179

第一章　绪　论

第一节 研究背景

通过全社会的共同努力,我国的竞技体育事业实现了跨越式的发展,在世界竞技体坛迅速崛起,向全世界展示了中华体育健儿的风采,在国际上引起了越来越多的关注。我国一些传统的优势项目一直保持着强劲的发展势头,另外一些项目也在逐渐崛起。特别是 2008 年北京奥运会的成功举办和获得金牌榜第一的成绩之后,我们党又提出了建设体育强国的新任务。然而我们的竞技体育在发展过程中也暴露出了很多的问题。比如,一些项目竞技成绩停滞不前甚至正在走下坡路、奥运冠军昙花一现、金牌不能复制、运动员早衰、个别项目"无才可选"等一系列问题接踵而来,而且迟迟得不到解决。

面对现实中出现的种种问题以及为了尽快完成党和国家交给我们的新任务,我们有必要对实践中出现的种种现象进行科学的分析,并对运动项目的本质和特征进行重新认识,研究项目的制胜规律。制胜规律,是竞技运动实践中最基本、最重要的原理,是规定和驱动整个竞技实践系统中各分系统之规律的核心内容,竞技大系统中的后备人才培养、训练、竞赛、管理等实践活动都必须服从于制胜规律的要求,受它的规定和制约,因此,项目制胜规律的研究是非常必要,也是非常重要的。项目制胜规律研究的开展不仅对项目运动成绩的获取和提高具有指导作用,而且还对项目的发展起到了重要的推动作用。

目前,随着越来越多运动项目制胜规律研究的深入开展,相关研究也不可避免地暴露出了许多问题。有关制胜规律的概念、内容、特征、要素、研究方法等基本理论问题均没有系统研究,也没有统一的范式。对"什么是规律""什么是运动项目规律""什么是运动项目的制胜规律""项目制胜规律包括哪些内容""怎样研究项目制胜规律"等科研及训练实践中经常碰到的疑惑与问题,没有做出实质性的介绍,如基本概念混乱,研究内容无边际,研究层次不清晰,研究角度各式各样,没有形成方法体系,整个研究不规范、无序化,等等。对制胜规律的概念、内容、特征、要素、研究方法等基本问题进行系统的理论研究,是各项目制胜规律研究的理论基础,对项目制胜规律的研究起着指导和规范的重要作用。而当今运动项目制胜规律研究的角度大都以具体的项目为出发点,针对运动项目训练、竞赛的操作实践展开研究,探索具体运动项目的制胜规律,缺乏对项目制胜规律的理论研究。针对项目制胜规律的理论研究的缺失,导致现有运动项目制胜规律的研究缺乏理论框架和研究范式,研究的科学性和合理性值得商榷。因此,我们应该首先对制胜规律进行理论上的研究。

通过对项目制胜规律的理论研究,我们将把有关制胜规律的概念、特征、内容、层次、研究方法等基本问题明确化、清晰化,并将它们作为今后开展项目制胜规律研究的理论基础,既为有关项目制胜规律研究提供理论框架和研究范式,对其研究起到规范、指导的作用,同时在一定程度上还能为运动训练学理论的丰富和发展起到一定的推动作用。

恩格斯曾经说过:"一个民族要想站在科学的最高峰,就一刻也不能没有理论思维。"科学研究的目的是达到对自然界客观事物的本质和规律性的认识,人们所认识到的规律在量上的积累和质上的完善就体现了科学的发展。相信规律的存在,给科学提供了预设和发展方向。正如爱因斯坦所说:"相信世界在本质上是有秩序的和可认识的这一信念,是一切科学工作的基础。"(波塞尔,2002)同样,竞技体育的制胜也必然遵循一定的客观规律,这个规律我们称之为制胜规律。探索和把握制胜规律,是实现我国从竞技体育大国向竞技体育强国转变的关键。但是在探索制胜规律之前我们应该首先探讨清楚与它有关的基本理论问题,这是我们的出发点,事关制胜规律研究的科学性和合理性。

虽然该课题的提出具有重大的历史意义,但研究它既需要有深厚的科学理论知识基础又需要有丰富的实践经验,这就使研究具有一定的难度。对于一名资历尚浅的年轻学者来说,无论是科学知识基础还是实践经验都十分有限,但问题的研究就像冰层一样总要有人先去敲开它的第一镐。笔者正是在这样的环境中，本着"一种学说的错与对并不重要，重要的是引起共鸣、启示智慧与激烈争辩后的豁然开朗"的原则对此问题做一个尝试，同时也希望本书研究的成果能够对各个项目制胜规律的研究起到一个抛砖引玉的作用。

第二节　研究的目的与意义

一、规范和指导运动项目制胜规律研究的需要

制胜规律，是竞技运动实践中最基本、最重要的原理，是规定和驱动整个竞技实践系统中各分系统之规律的核心内容。竞技实践大系统中的选材、训练、竞赛、管理、决策等活动都必须服从于制胜规律的要求，都受它的规定和制约。改革开放以来，伴随着我国政治、经济、社会的快速发展，我国竞技体育也得到了飞速发展。我国一些优势项目运动员为何能在大赛中一直居于不败的地位，这背后必定隐藏着一定的规律，这就引发了我国体育界科研工作者关于运动项目制胜规律的思考与研究，许多卓越的研究成果涌现出来。运动项目制胜规律研究的开展不仅对项目运动成绩的获取和提高具有指导作用，而且还对项目的发展起到了重要的推动作用。

但是，随着越来越多运动项目制胜规律研究的深入开展，也暴露出了许多问题：基本概念混乱，研究内容无边际，研究层次不清晰，研究角度各式各样，未形成方法体系，整个研究不规范、无序化，等等。为此选取运动项目制胜规律进行理论层面的研究，对项目制胜规律的概念、构成、特征、作用及研究方法等基本问题进行系统的理论研究，以期对项目制胜规律的研究起到指导和规范的重要作用。

二、丰富和发展我国运动训练学理论的需要

运动训练学是阐明运动训练基础理论和训练过程中所带有的共性及普

遍性问题的理论体系,对不同项目的运动训练活动具有普遍的指导意义。制胜规律是运动训练学理论中一个非常重要的概念,但是关于这一概念,在理论表述中一直存在着一些缺陷,例如概念表述不清楚、概念包含的内容不清晰等问题。也正因为如此,在项目制胜规律的研究过程中才暴露出许多缺点:基本概念混乱,研究内容无边际,研究层次不清晰,研究角度各式各样,未形成方法体系,整个研究无规范、无序化,等等。

面对这种研究的尴尬,同时也为了改变这一现状,运动训练学理论需要我们对制胜规律的基础理论问题展开研究。正是基于此,本书才以制胜规律作为研究对象,对其展开理论研究,希望能为丰富和发展运动训练学理论起到一定的作用,同时也希望本书的研究能够为打开运动训练学基础理论研究的新局面出一份力。

第三节　研究的主要任务

本研究的主要任务为:在范式的理论视角下,系统梳理我国竞技体育领域关于运动项目制胜规律研究的发展脉络,呈现已有制胜规律研究中存在的缺陷和不足,重新界定制胜规律的基本概念,剖析制胜规律的基本属性和特性,提出制胜规律研究的方法,揭示科学认识和把握制胜规律的途径。

第四节　研究的主要思路

本课题是按照"提出问题—分析问题—解决问题"的逻辑,沿着宏观和微观两条线索展开研究的:一是从宏观上将新中国成立以来我国竞技体育界对制胜规律的研究视为一个整体,并以研究轨迹为主线,在对现有研究进行梳理的基础上,将其划分为几个阶段,分别找出各个时期研究的特点,并揭示出我国整个制胜规律研究所存在的局限性;二是从微观上将研究的触角伸向制胜规律的含义、性质、特征、研究方法等基本的理论问题,探讨和构建制胜规律研究的基本框架。

第五节 研究的指导原则

一、系统研究的原则

系统研究原则是指在进行特定系统的分析时,考虑内部要素(子系统)之间以及系统与环境之间相互制约、相互依存的错综复杂的矛盾和联系时必须遵循的准则(何盛明,1990)。系统观念是把握复杂性现象的科学思维方式,可以透过复杂繁多的经验表象把握经济社会发展的内在规律,其本质是唯物辩证法(杜仕菊和程明月,2021)。源于古希腊语的"系统"一词,有部分构成整体之意,因而整体思维是系统观念的核心命题。钱学森(2001)认为,系统思维的第一要义就是从整体上认识和解决问题。系统观认为,整体由部分构成,但整体并不是构成部分的简单合并,而是各组成要素之间在相互影响、相互制约关系基础上所体现的结果。竞技的制胜,不论是从过程还是从结果上来考察,都是一个复杂的历时性系统,它涵盖了若干子系统之间以及各系统和竞技结果之间的复杂关系。因此,本书将竞技运动项目的制胜规律看作一个有机整体,运用系统方法综合地、精确地对制胜规律的各因素进行考察,以达到最佳地处理和研究问题的目的。

二、理论联系实际的原则

理论联系实际是人类认识或学习活动的普遍规律之一,是马克思主义哲学世界观方法论的基本原则(倪志安,1997)。从科学维度来看,理论联系实际也是马克思主义区别于以往思想的一条基本原则(于华蔚,2022)。理论联系实际原则,是指必须坚持理论与实际的结合和统一,实事求是,用理论分析实际,用实际验证理论。"理论对实践具有指导作用,反之,实践又是理论的基础和动力。"本书在研究过程中,不仅注重从理论上对制胜规律进行分析,同时也注重结合我国竞技体育的举国体制特点综合分析项目制胜规律的各个方面,努力做到从实践中来和到实践中去。

第六节　研究框架与技术路线

一、研究框架

本书围绕宏观和微观两条主要线索延伸展开:一是从宏观上将新中国成立以来我国竞技体育界关于制胜规律的研究视为一个整体,并以研究轨迹为轴线,在对现有研究文献进行梳理的基础上,将其划分为五个阶段,分别找出各个时期研究的特点,呈现历史演进的图景。在此基础上,揭示出我国竞技制胜规律研究所存在的整体局限性。二是从微观上将研究的触角伸向制胜规律的含义、性质、特征、研究方法等基本的理论问题,构建制胜规律研究的基本框架,提出竞技制胜规律研究的新范式。

研究主要包括如下板块。

板块一:我国竞技制胜规律研究的历史沿革。研究制胜规律认识的历史,有助于加强我们对制胜规律本身的认识。本部分主要是对我国竞技制胜规律研究的历史演进过程进行细致梳理并划分不同的历史阶段,进而分别对每一历史阶段的研究状况进行归纳和总结。在回顾我国竞技制胜规律研究历史的过程中,对前人总结的经验和成果进行汲取与反思。

板块二:我国竞技制胜规律研究已有范式的局限性。范式是某一研究群体共同遵守的观察视角和话语体系。本部分主要是基于范式理论的视角,从科学哲学的角度探析我国现有的关于竞技制胜规律研究的范式,并对这种研究范式所固有的局限性进行剖析。对我国竞技制胜规律研究已有范式及其局限性的分析,有利于下一步新的研究范式的构建。

板块三：竞技制胜规律的概念解析。概念的准确拟定和规范表达是深入开展相关理论分析与理论探讨的基本前提及逻辑起点，直接关涉理论研究的严密性、系统性与科学性。本部分首先从哲学角度出发，将与制胜规律研究相关的质和项目特征、本质和项目本质以及经验等基础概念界定清楚；再以此为基础对传统的制胜规律的概念进行解析，并找出它的不足，为得出较为科学合理的制胜规律的概念打下基础；最后对竞技制胜规律的含义进行重新界定，分别提出广义和狭义两个不同视角与层次的新含义。

板块四：竞技制胜规律性质的定位。规律有多种形式，可以依据不同原则加以分类，竞技体育的制胜规律是规律范畴在竞技体育领域的体现，是规律的一种特殊表现形式。本部分从广义和狭义两个角度对竞技制胜规律的性质进行探讨和科学定位。对竞技制胜规律性质的科学认知，能够给我们的具体研究指明方向，使我们的研究更加科学合理。

板块五：竞技制胜规律的特点认知。规律具有客观性、普遍性、必然性、历史性、重复性的特点，竞技制胜规律是规律范畴在竞技体育领域的体现，是规律的一种特殊表现形式，因而也具备自身的一些特殊性。本部分基于竞技制胜规律的性质，结合竞技实践的特点，对竞技制胜规律的特殊性进行锚定。要想建立起真正科学而有用的制胜规律理论，就必须正视这些特殊性。揭露、研究并且承认这些特殊性，有助于建立起科学而有用的竞技制胜规律理论。

板块六：竞技制胜规律研究方法的探讨。竞技制胜规律的研究应以辩证唯物主义和历史唯物主义为指导，再深入竞技体育的客观实际之中，采用科学合理的研究方法进行调查研究。本部分从整体和具体两个方面对竞技制胜规律研究所需的研究方法进行探讨和列举。研究方法的合理选取有利于竞技制胜规律的科学总结和提炼。

板块七：竞技制胜因素的分析。规律即本质的关系，这种关系就是原因与结果之间本质的、必然的联系。竞技体育实践中的胜败是现象，失败和成功的原因才是规律。研究制胜规律就要研究怎样制胜，并且要挖掘隐藏在制胜背后的原因。影响竞技体育结果的因素有许多种，可以分为主要因素和次要因素。那些起主要作用的核心因素才是我们研究的重点。本部分从广义和狭义两个角度出发,分别对影响竞技结果的因素进行梳理和分析,根据要素与制胜结果的关系定位出核心要素。竞技制胜规律就是在对这些核心要素进行分析的过程中提炼出来的。

板块八:竞技制胜规律提炼的程式。竞技制胜规律研究中对各个因素的分析过程,就是对各个因素在实践操作过程中的经验进行搜集、整理和总结的过程,在此基础上再经过逻辑推理,提炼出制胜规律。本部分从竞技实践活动的特点出发,对竞技制胜规律研究过程中的提炼方法和表达形式进行解析。掌握合理的竞技制胜规律的提炼方法和表达形式,有助于促进竞技制胜规律研究成果的推广和应用。

板块九:科学认识和把握运动项目制胜规律的作用机制。科学的任务是揭示规律是怎样起作用的。我们研究制胜规律就是在寻求从实然状态到应然状态的转变,是为竞技体育的实践服务的。本部分从制胜规律对竞技实践发挥作用的特点出发,对竞技制胜规律的作用机制进行考察。正确认识和把握竞技制胜规律的作用机制,有利于提高竞技制胜规律指导竞技实践的针对性和有效性。

第二章　竞技制胜规律相关研究现状

第一节　国内竞技制胜规律研究文献的知识图谱分析

我国竞技体育领域关于制胜规律的研究由来已久,可谓是贯穿我国竞技体育事业发展的始终,尤其是同竞技体育优势项目的发展息息相关,并呈现出明显的历时性特征。经文献检索和挖掘,我国有关竞技制胜规律问题的研究在 20 世纪 80 年代的体育科学研究中就已正式提出,并在之后的体育科学研究中得以展开、获得发展,成为体育科学尤其是运动训练学科研究领域的一个核心概念。不过其在各个阶段展开的特点不同,发展的程度也有所差异。

由此,本部分在全面梳理我国竞技制胜规律研究演进脉络的基础上,运用 CiteSpace(5.7.R2 版)软件对构建的文献数据库进行可视化处理。以图谱的形式将现有研究的演进历程、学术共同体和研究热点等进行直观呈现,并在科学解读图谱的基础上结合典型文献内容对研究前沿进行展望,以期为我国竞技体育制胜规律方面的实践探索和学术研究提供一定的借鉴。

一、我国竞技制胜规律研究的时序特征

通常来说,考察某一领域研究的总体发展状况,首先要看该领域公开发表论文数量的时序特征(罗家德,2010)。我国竞技制胜规律研究领域公开发表学术文献的数量能够在一定程度上反映我国在该领域的整体研究水平和发展演变状况。根据所构建的文献数据库,本书统计了中国知网(CNKI)平台收录的关于我国竞技制胜规律研究领域学术论文年度发表的数量,绘制出了我国竞技制胜规律研究领域文献的时序分布图(如图 2.1 所示),以直观呈现该领域研究演进的总体时间脉络和时序特征。

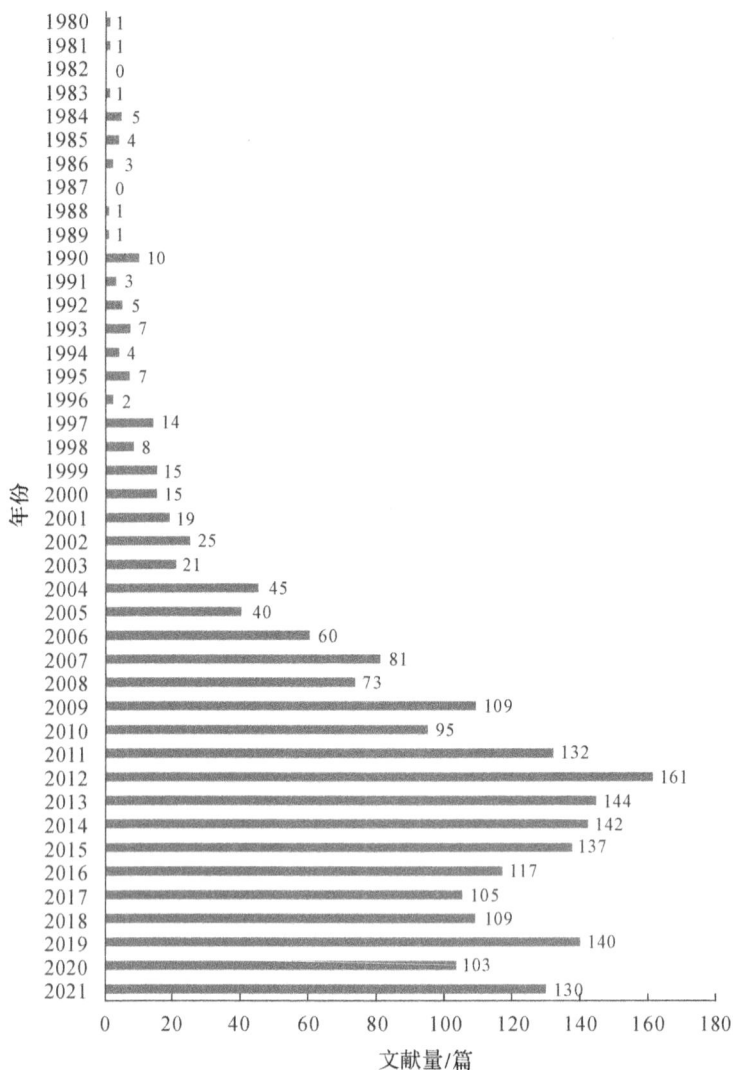

图 2.1 我国竞技制胜规律研究文献的时序分布

根据图 2.1 可以看出,我国竞技制胜规律研究领域文献在时间维度上的分布呈整体增长的历时性特征,具体表现为 1999 年之前增速缓慢,2000 年之后增速加快。仅从图 2.1 来看,2004 年度为爆发式增长的起点,2004 年后文献数量呈直线上升,直至达到在可统计范围内的 2012 年度发文量的最高峰,此后研究发文态势趋于稳定。发文量的年度变化可直接反映我国竞技制胜规律研究演进的时间脉络。图 2.1 呈现的时间脉络是一种表面现象,我们真正需要的是透视这一现象的本质,并探寻现象背后的原因。

本书认为导致这一现象出现的原因是:随着我国社会经济的快速发展,党和国家领导人对体育事业,特别是对竞技体育事业的高度重视及由此制订的路线方针和政策的示范与引领效应的发挥,促进了我国竞技体育事业的快速发展,部分运动项目取得了历史性的突破。例如,进入20世纪80年代以后,一些优势竞技项目开始进入了相对成熟的时期,一大批项目竞技成绩达到了世界先进水平,登上了竞技运动的高峰。例如:中国女排获得"五连冠";中国乒乓球队在第36届世界乒乓球锦标赛上囊括了全部金牌;中国男子体操第一次赢得了世界团体冠军;女子体操第一次取得团体亚军;男子跳高三破世界纪录;跳水项目跻身世界"四强"行列;举重项目多次打破世界纪录;游泳项目打破了日本在亚洲泳坛的垄断地位,实现了"冲出亚洲,走向世界"的夙愿。

特别是在1984年第23届奥运会上我国体育代表团实现金牌零的突破,并一举夺得15枚金牌,引起了国际体育界的关注;紧接着又在1986年第10届亚运会上我国体育代表团获得金牌总数第一名,第一次战胜日本、韩国等国家和地区,成为亚洲体坛的霸主。实践中优异运动成绩的大量涌现,极大地促进了我国竞技体育界对项目制胜规律的研究。也就在这一时期,国家体委教科司的一个重点研究项目——"中国优势项目制胜规律"立项。该项目集中了国家体委科研所、国家体委训练局、北京体育学院、上海体育学院等10个单位共30多名专家、学者,经过两年多的奋斗,以题为"中国优势竞技项目制胜规律"的专著形式出版。这是我国第一部关于制胜规律研究的专著,对我国竞技体育界关于项目制胜规律的研究有着深远的影响,其后各个项目制胜规律的研究基本都沿袭了这一研究范式。

自20世纪90年代初开始,随着我国经济的快速发展,人们的物质文化生活得到了极大的改善,越来越多的人开始关注竞技体育的发展,参与和观赏竞技体育比赛成为人们日常生活中不可或缺的部分。各个运动项目都受到了广泛关注,加上竞技体育全面发展的需要,我国竞技体育界继续加大项目制胜规律研究的科研力度,涌现出了一批卓越的研究成果。进入21世纪,项目制胜规律的研究开始将目光转向潜优势项目,制胜规律研究进入全面深化阶段。竞技篮球、竞技网球、竞技健美操、划船、沙滩排球、击剑、帆船帆板、古典式摔跤等项目制胜规律研究的文献资料在各种期刊上公开发表,这对各个项目的竞技实践起到了一定的指导作用。更值得提出的是,自2008年北京奥运会以后,为了实现我国由竞技体育大国向竞技体育强国迈进的伟大目标,我国冬奥会优势项目制胜规律研究的国家课题立项,冬季项目制胜规律的研究也已全面展开,如火如荼。

我国竞技体育界对运动项目制胜规律的研究具有明显的时代特征,运动项目制胜规律的认识随着竞技体育的发展逐步深入。特别是改革开放后,随着我国经济取得了巨大的发展,竞技体育事业也得以向前推进。竞技体育界的科研工作者们也对项目的制胜规律展开了更加深入的研究,不仅表现为20世纪80年代至90年代对各个优势项目制胜规律的探索,而且还表现为对制胜规律本身展开了理论上的基础研究。至此,竞技制胜规律的研究进入了深入探索阶段。20世纪90年代以后,在此前基础理论研究的基础上,不仅我国的优势项目制胜规律研究得以继续深化,而且潜优势项目和冬季项目的制胜规律研究也全面展开。

二、我国竞技制胜规律研究主要内容图鉴

关键词是对文章主题的高度概括和凝练,是一篇文章的标签化特征,特定研究领域文章关键词出现的频次和关联度等可以揭示该领域的研究热点与内在联系。根据某一具体研究领域文献中词汇的共现信息可以确定研究领域的主题,揭示文本所代表的学科领域中主题间的关系。在一系列的时间区间里进行比较,能够发现研究的主要内容及变化趋势。基于此,本书通过对样本文献关键词共现进行计量,锚定高频关键词;然后再通过关键词聚类图谱,结合样本文献研究的内容,反映我国竞技制胜规律研究的主要内容。

首先,本书对我国竞技制胜规律研究领域文献的关键词进行了词频统计,将出现频次5次及以上的关键词选出来,并列举呈现在表2.1中(完整

统计见附录二）。

表 2.1　我国竞技制胜规律研究文献高频关键词统计

序号	频次	关键词	序号	频次	关键词
1	139	制胜规律	25	7	技战术分析
2	62	制胜因素	26	7	女子
3	48	技战术	27	7	体操
4	44	羽毛球	28	7	篮球
5	34	网球	29	7	竞技体操
6	25	训练	30	7	制胜
7	25	乒乓球	31	6	创新
8	24	竞技体育	32	6	世锦赛
9	19	规律	33	6	世界杯
10	18	奥运会	34	5	优势项目
11	15	女子双打	35	5	竞技健美操
12	14	技术	36	5	研究
13	13	中国	37	5	运动员
14	12	分析	38	5	项目特征
15	11	新规则	39	5	足球
16	10	运动训练	40	5	技战术特征
17	10	体能训练	41	5	发展
18	9	特征	42	5	得失分
19	9	男子双打	43	5	男子单打
20	9	战术	44	5	因素
21	8	排球	45	5	后备人才
22	8	体能	46	5	中国女排
23	8	竞技篮球	47	5	优秀运动员
24	7	竞技能力	48	5	影响

其次，本书对我国竞技制胜规律研究领域文献的关键词进行了分析，并绘制关键词聚类知识图谱，如图 2.2 所示。

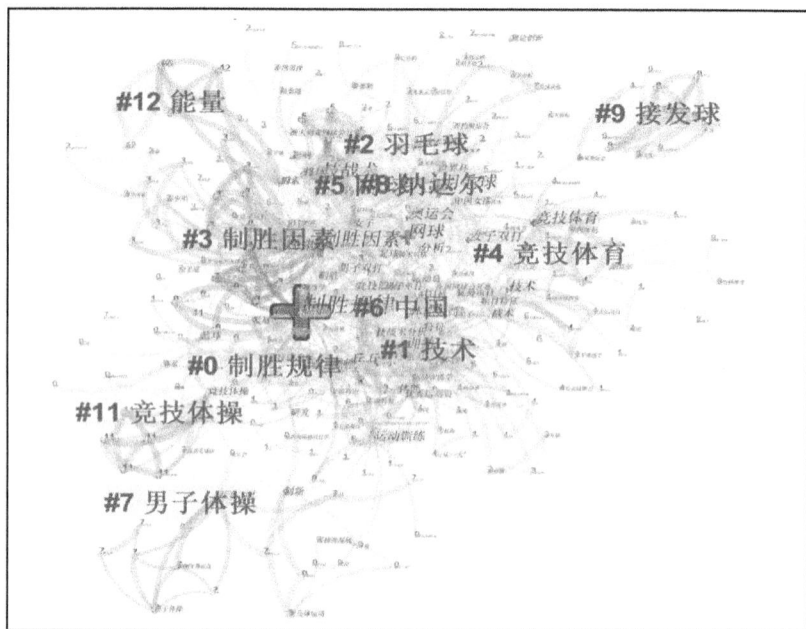

图 2.2   我国竞技制胜规律研究领域文献关键词聚类知识图谱

为进一步科学分析我国竞技制胜规律研究领域的主要内容,本书对刊载的我国竞技制胜规律研究领域文献的高频关键词进行合并归类,再结合对绘制的关键词聚类知识图谱的解读,得出我国竞技制胜规律领域的研究主要集中在以下几个方面:对具体运动项目制胜规律的研究和提炼;对具体运动项目制胜因素的解构和分析;对具体运动项目特征的研究;对具体运动项目某一场次竞技比赛的分析;对具体运动项目竞赛规则的研究;对具体运动项目发展路径及规划的研究;对具体运动项目某一优秀运动员竞技比赛表现的分析;等等。

三、我国竞技制胜规律研究学术共同体的透视

学术共同体是指拥有共同学术情趣、志同道合的个体,在相互沟通需要以及学术道德规范下,所形成的以知识交流为主的群落,具有对话与交流、争辩与批判以及自主与自由等特征。特定学科或领域的学术共同体不仅能够反映出那些在同一领域持有相同研究志趣的学者的凝聚程度,而且还可

以在很大程度上折射出该学科或领域知识的内外交流模式,推进学科建构,促进学科认同。对特定领域学术共同体进行研究能够反映该领域发展演化的特征和模式。

首先,本书对我国竞技制胜规律研究领域文献的作者进行了频次统计,将出现频次在 3 次及以上的作者选出来,并在表 2.2 中列举呈现(完整统计见附录三)。

表 2.2　我国竞技制胜规律研究文献核心作者统计

序号	频次	作者	序号	频次	作者
1	4	程勇民	9	3	贾嘉
2	4	夏娇阳	10	3	谢云
3	4	芦平生	11	3	白净
4	3	张欣	12	3	李宗浩
5	3	刘青	13	3	孙敬
6	3	王健	14	3	肖林鹏
7	3	吉承恕	15	3	吕雪松
8	3	张运亮			

科学研究在某种程度上就好比战争,需要一个"帅"来带领众多的"兵",为了达到一定的目的在战场上浴血奋战,而学术共同体里的学术带头人就是这个研究团队的领军人物,带领着研究人员追寻某种目标或理念,学术共同体越成熟,其内聚性也就越强,吸引力也会越大。据统计,我国竞技制胜规律研究领域文献作者出现频次为 3 次及以上的为 16 人次,出现频次为 2 次及以上的为 53 人次。该数据反映出我国竞技制胜规律研究领域的高产作者数量并不多。

根据本书对我国竞技制胜规律研究领域文献作者的频次统计,以及对绘制的我国竞技制胜规律研究领域核心作者与合作图谱的解读,可以看出我国竞技制胜规律研究领域作者合作团队的规模较小,整体比较松散,还未形成研究的规模集成效应,也缺乏学术领军人物。

第二节　国内竞技制胜规律研究文献综述

通过以"制胜""规律"及"制胜规律"为关键词检索中国期刊网、中国期刊全文数据库、中国优秀博硕士学位论文全文数据库、超星图书馆等网络数据库资源，以及对国家图书馆、北京体育大学图书馆馆藏的相关资料进行查询，获取研究相关的文献资料，并对其中的重要文献进行细致的分类整理和分析，这些资料分别从不同的角度对项目制胜规律展开研究，综述如下。

一、针对竞技项目的类型、发展过程、发展规律做出总体上的思考与研究

孟凡甫和杨麟（2007）在《对竞技网球本质及其制胜规律的再认识》一文中的研究认为，竞技网球制胜有以下五个方面的规律：一是基本功决定水平层次，二是得分技术特点突出决定比赛的冲击力，三是心理因素决定对比赛的控制力，四是耐力、注意力、自信心决定对胜负的控制力，五是综合素质决定水平高低。

郑伟涛等（2008）在《帆船帆板运动项目特征与制胜规律初探》一文中的研究发现，帆船帆板项目的基本特征是：帆船帆板运动的成绩受到许多因素的影响，并非解决好某个或某些学科方面的问题就能够夺取好成绩；在帆船比赛中如何合理地掌握和利用风是决定比赛成败的根本，体能是获得好成绩的重要基础；帆船帆板不仅仅是一个纯粹的体育项目，还是一个涉及多个学科知识的高智力项目，其对运动员的文化知识结构提出了很高的要求。帆船帆板项目的制胜规律是：风是帆船运动的原动力，如何合理地利用风能是获得比赛胜利的根本。帆船帆板比赛赛程跨度较长，帆板比赛允许摇帆，体能是参加比赛的重要基础。帆船帆板运动是依靠运动员在海上依据风向、海浪、潮流和船速的不同不断调整帆的工作状态，以保证帆与风向的最佳角度以及最佳的航行路线，确保能在最短的时间内到达目的地，所以正确

地选择航线是取得好成绩的关键。帆船帆板项目是一种限定在固定区域内的竞速项目,速度作为衡量一个运动员能力的重要指标,是帆船帆板操作技术的核心内容。帆船帆板是高智能的复杂项目,风向、风力、水文、气象的瞬息万变,造成帆与板和船要处于不断调整之中,这也导致了帆船帆板技术的复杂性,所以心智是在该项目比赛中取得优异成绩的保障。

宋雯(2001)在《世界体操强国制胜探秘》一文中指出:"在竞技体育项目中制胜因素不是单一的,而是一个群。制胜规律是竞技体育实践中最基本、最重要的规律,竞技体育实践活动的管理、决策、竞赛、训练等活动,都必须服从于制胜规律的要求。竞技体操的制胜因素可以概括为难、新、稳、美,然其又不是单一的。只有全面、准确地把握制胜因素,才可能在新世纪的激烈竞争中立于不败之地。"

郭蓓(2006)在《射箭项目制胜规律探讨》一文中研究阐述了现代射箭竞赛的基本特征、射箭项目的技战术训练特征、射箭体能训练特征、现代射箭项目运动员竞技能力的构成及比赛中影响射箭成绩的主要心理因素等。

陈雪梅等(2004)在《亚洲女排制胜因素分析》一文中对当今世界女排发展趋势的制胜因素进行了深入的分析讨论,认为世界女排的发展态势可以概括为高人更有发言权、速度决定进攻成功率、防守"高"度和"黏"度相结合、综合素质过硬、技战术模糊多元化。

李金珠和于建成(2006)所著的《中国田径优势项目制胜规律探析》一文指出,跳高项目的制胜规律是不断地争取获得最大腾空高度和利用这个高度越过更高的横杆高度。只有人体极限能力的不断开发和充分发挥,才能提高运动成绩。刘翔的制胜因素和制胜规律是精湛的运动技术、多年系统性的训练、认真贯彻"三从一大"训练原则、转变观念和与国际接轨。

万仲平等(2005)在《雅典奥运中俄女排决赛制胜因素的分析》一文中认为,2001年新组建的中国女排,继续保持了"五连冠"中国女排稳定的心理,顽强自信,并且坚持快速多变全面型的打法和敢于拼搏的团队精神,这是中国女排在本届奥运会上夺冠的关键制胜因素。技术全面、特点突出、准确熟练、快速多变、团结协作、顽强拼搏是中国女排制胜的根本保障。

梁晓杰和张斌(2007)所著的《2008年奥运会我国现代五项运动制胜要素研究》认为,制胜要素包括战略制胜、体系制胜和创新制胜。其中,体系制胜是核心,创新制胜是动力,战略制胜是保证。目前,我国现代五项运动的制胜要素是:对项目发展的基本规律与经验尚缺乏科学的认识与总结,对项目的特点和规律的认识还较浅显与片面;观念陈旧,认识较凌乱且模糊;训练方法和手段缺乏科学指导,训练计划带有盲目性和随意性;没有项目带头人,更没有金牌教练。

蔡芳川等(1995)在《难美项群制胜因素的网络系统与运行规律》一文中提出:技术因素对难美类项群各项目运动员的竞技能力起决定作用,"难、新、美、稳"是对当前难美类项群的竞技能力起决定性作用的四大基本因素。

二、针对运动项目的制胜因素以及制胜因素之间关系的研究

吴焕群等(2009)的《中国乒乓球竞技制胜规律的科学研究与创新实践》一文就我国乒乓球项目的制胜规律展开具体论述。文章指出,其研究主要从乒乓球项目的竞技训练原理、竞技训练理念、竞技训练实践这三大系统出发探索和概括制胜原理,研究把握乒乓球竞技最高层面上的制胜规律就是研究一分球、一局球、一场球的制胜因素。乒乓球项目的竞技要素是:速度、力量、旋转、落点、弧线。另外,还提出了竞技要素要与制胜因素组合的理念。

夏秀亭(2002)在《对蹦床本质及制胜规律的认识》一文中的研究认为,蹦床运动自身的动作特点,即高、难、美、准,就是所谓的制胜因素。蹦床的特有本质决定了蹦床动作的四大特点,训练中必须以这四大特点为主线,遵循训练规律,这样才能获得好的训练效果,才能在激烈的竞争中取胜。

赵洪明(2002)在《对竞技体操制胜规律的再认识》一文中研究指出:竞技项目的竞争是一种有规则、规范的竞争,我们可以把这类竞争活动通称为博弈活动。竞技体育系统的运行,分别在博弈原理、博弈决策和博弈实施三个层面上完成。作为博弈活动最高层次的博弈原理,其核心规律是制胜规律。制胜规律由制胜因素与制胜因素之间的本质联系两部分组成。体操项

目的制胜因素为力、难、新、美、稳、智,其各因素之间的本质联系表现为总合律、主导律与突前律。

温佐惠等(2005)在《竞技武术套路制胜因素与谋略的研究》一文中对武术套路制胜的因素"高、难、新、美"进行了分析,赋予其新的内涵,并对几个因素之间的联系进行了讨论,从而制定出竞技武术套路制胜的谋略。

沃嫩其(1997)在《对我国长距离速滑制胜规律的探讨》一文中研究认为正确的博弈决策是制胜的前提,要认清长距离速滑自身发展的规律,我国长距离速滑制胜的要素为高速滑行中有氧代谢能力、把握训练的整体效应。

崔大林(2004)在《皮划艇项目训练科学化探索》一文中将皮划艇项目的制胜规律总结为:技术加体能的完美结合。

程勇民(2006)在《论羽毛球双打项目的制胜规律及男双竞技能力的核心》一文中的研究将羽毛球双打项目的制胜规律概括为:制胜的核心是"快","狠、准、活"是"快"的具体表现,三者在综合形成"快"的过程中,表现出总和律、突前律和更迭律。他认为双打意识是男双运动员竞技能力的核心。

邱瑞瑯(2006)在博士学位论文《技击性运动概论及其制胜原理之研究》中对技击性运动的理论、原理及制胜系统的定量研究方面做了深入的探讨研究。

以上这些科研论文和论著,无论是总体上还是从制胜因素及其关系角度开展研究,均以具体项目为视角,从竞技项目的实践操作层面出发对该项目的制胜规律进行分析和研究,取得的研究成果对项目的运动实践产生了深远的影响,同时也促进了项目成绩的取得,但是这些关于项目制胜规律的研究论文和专著并没有清晰明确地针对项目制胜规律本身进行理论研究,制胜规律的概念等基本的理论问题也很少涉及。

田麦久(2000)在其主编的《运动训练学》一书中指出,所谓制胜规律指在竞赛规则的限定内,教练员、运动员在竞赛中战胜对手、争取优异运动成绩所必须遵循的客观规律。制胜规律的组成包括两个方面:一是制胜因素;二是制胜因素之间的本质联系。

　　有学者认为,制胜规律是在竞赛规则的限定下,人们在竞赛中战胜对手、争取优异运动成绩所必须遵循的准则。制胜规律的组成包括两个方面:一是制胜因素,即对专项运动成绩有决定性影响的因素;二是制胜因素之间的本质联系。

　　上述两种关于制胜规律的概念及组成的研究成果在字面上大同小异,且含义根本没有区别,这仅有的关于制胜规律理论层面的研究是无法回答"什么是规律""什么是运动项目规律""什么是运动项目的制胜规律""制胜规律包括哪些内容""怎样研究规律""怎样把握规律""怎样利用规律"等科研及训练实践中经常碰到的疑惑与问题的。研究的缺失也造成了基本概念不清,内容无边际,层次不明确,方法无体系,整个研究不规范、无序化等问题。

第三章　研究对象与主要研究方法

第一节 研究对象

通过全社会的共同努力,我国的竞技体育事业实现了跨越式的发展,在世界竞技体坛迅速崛起,向全世界展示了中华体育健儿的风采,在国际上引起了越来越多的关注。我国一些传统的优势项目一直保持着强劲的发展势头,另外一些项目也在逐渐崛起。特别是在 2008 年北京奥运会成功举办和获得金牌榜第一的成绩之后,党和国家又提出了建设体育强国的新任务。但同时我们的竞技体育在发展过程中也暴露出了很多的问题,比如,一些项目竞技成绩停滞不前甚至正在走下坡路、奥运冠军昙花一现、金牌不能复制、运动员早衰、个别项目"无才可选"等一系列的问题接踵而来,而且迟迟得不到解决。

面对现实中出现的种种问题以及为了尽快完成党和国家交给我们的新任务,我们有必要对实践中出现的种种现象进行科学的分析,并对运动项目的本质和特征进行重新认识,研究项目的制胜规律。目前,随着越来越多运动项目制胜规律研究的深入开展,也不可避免地暴露出了许多问题。有关制胜规律的概念、内容、特征、要素、研究方法等基本理论问题均没有系统的研究,也没有统一的范式。对"什么是规律""什么是运动项目规律""什么是运动项目的制胜规律""项目制胜规律包括哪些内容""怎样研究项目制胜规律"等科研及训练实践中经常碰到的疑惑与问题,均没有做出实质性的介绍,以致基本概念混乱,研究内容无边际,研究层次不清晰,研究角度各式各样,没有形成方法体系,整个研究不规范、无序化,等等。对制胜规律的概念、内容、特征、要素、研究方法等基本问题进行系统的理论研究,是各项目制胜规律研究的理论基础,对项目制胜规律的研究起着指导和规范的重要作用。而当今运动项目制胜规律研究的角度大都以具体的项目为出发点,针对运动项目训练、竞赛的操作实践展开研究,探索具体运动项目的制胜规律,缺乏对项目制胜规律的理论研究。针对项目制胜规律的理论研究的缺失,导致现有运动项目制胜规律的研究缺乏理论框架和研究范式,研究的科学性和合理性值得商榷。因此,我们应该首先对制胜规律进行理论上的研究。

基于以上所述,本书将我国竞技体育运动项目的制胜规律作为研究对象,在理论层面进行探讨和研究。

第二节　研究方法

一、文献资料法

文献资料法是通过搜集、鉴别、整理文献资料,并对其进行研究和分析,形成对所研究课题科学认识的研究方法。根据研究目的和任务,本书从以下几个方面进行文献资料的收集。

首先,通过检索中国期刊网、中国引文数据库、中国优秀博硕士学位论文全文数据库、EBSCO、Web of Science 等中外学术数据库资源,广泛收集与运动训练、运动训练学、运动训练理论等研究相关的文献资料,并对其中的重要文献进行细致的分类整理和分析研究。

其次,通过检索国家图书馆、清华大学图书馆、北京体育大学图书馆等图书馆馆藏书目,查阅了与运动训练学、学科学、文献计量学、情报学等相关的大量书籍。

最后,通过多种途径学习党的十一届三中全会以来的关于竞技体育发展的相关文件,并领会其精神,为本书的研究奠定政策理论基础。

二、专家访谈法

在研究过程中,笔者利用各种机会咨询了哲学、运动训练学等不同学科领域专家和不同运动项目专家的意见与建议,开阔了研究思路,获得了研究的素材。各位专家的意见与建议,对本书研究起到了启迪和指导的作用。

三、逻辑分析法

充分运用逻辑思辨的研究方法,通过演绎推理,分析归纳,对有关的制胜规律的概念等理论问题进行剖析,对制胜规律的内容进行界定,从而使研究达到一定的深度和广度。

四、系统分析法

为了科学地研究制胜规律,本书借助系统论的观点,用系统分析法对竞技体育的制胜规律进行分析和研究。

系统论是 20 世纪三四十年代产生和发展起来的。它由美籍奥地利生物学家贝塔朗菲创立。系统分析法是指用系统的观点研究和改造客观对象的方法,要求人们从整体的观点出发,全面地分析系统中的要素、要素与系统、系统与环境、此系统与它系统的关系,从而把握其内部联系与规律性,达到有效地控制与改造系统的目的(叶侨健,1995)。从系统论的观点出发,项目制胜规律研究也要着重从整体与部分(要素)之间和整体与外部环境的相互联系、相互作用、相互制约的关系中,综合地、精确地考察研究对象,以达到最佳地处理和研究问题的目的。

五、知识图谱法

科学知识图谱是将某领域科学知识群作为研究对象,借助特定绘图软件生成的、能够直观呈现该领域科学知识生产的演进历程与知识单元间结构关系的一类特殊图形(侯海燕,2006)。由于科学知识图谱兼具"图"与"谱"的二重特征与属性,不仅能够在形式上将抽象的科学知识转化为可视化的直观图形,同时又可以在本质上将这些科学知识单元之间的复杂关系解构为序列化的动态谱系。因此,在当今知识大爆炸的背景下,系列科学知识图谱的绘制,不仅有助于我们梳理和透视人类海量知识体系中不同领域内部复杂知识的网络结构,还能够启发我们对特定领域科学知识和技术前沿最新发展的未来态势进行预测与解读(刘则渊等,2008)。常用的绘制科学知识图谱的软件有 Bibexcel、SPSS、Ucinet、Netdraw、WordsmithTools、CiteSpace 等。

本书的研究选用德雷塞尔大学(作者共被引分析发源地)的陈超美(Chaomei Chen)教授开发的 CiteSpace(5.7.R2 版)信息可视化软件对构建的数据库进行可视化处理。目前,该软件在我国得到广泛应用,是近年来在全美乃至全世界信息可视化分析中最具有特色和影响力的软件之一(高明等,2015)。

第四章

我国竞技制胜规律研究的历史沿革

黑格尔将人类的认识归纳为一个个螺旋式演进的圆圈,意指历史昭示着未来,现在来源于过去。因此,在研究制胜规律的理论问题之前,有必要回顾一下它的研究历史,并对前人总结的经验进行回顾与评判。研究制胜规律认识的历史,有助于加强我们对制胜规律本身的认识。

我国竞技体育界关于制胜规律的研究可谓贯穿我国竞技体育发展的始终,特别是同竞技体育优势项目的发展息息相关,并呈现出明显的时间特征。有关制胜规律问题的研究在 20 世纪 80 年代的体育科学研究中就已正式提出,并在之后的体育科学研究中得以展开、获得发展,不过各个阶段展开的方面不同,发展的程度各异。

第一节　制胜规律研究的萌芽阶段(1949—1965 年)

从新中国成立到 1965 年是我国竞技体育的起步阶段,制胜规律研究表现为个别项目对本项目制胜规律的初步认识,是制胜规律研究的萌芽阶段。

新中国成立前,许多运动项目都没有开展,新中国成立之初,各个竞技体育项目基本上都是从零开始。由于当时的政治形势,新中国体育从一起步就完全采纳苏联的理论和经验进行发展,竞技体育也不例外地被要求在普及中发展和提高。在当时的国际形势中,发展体育(竞技体育)以提高我国的国际地位,被提到了重要的位置。通过学习和引进当时苏联等国家的训练理论、运动技术和方法,聘请国外专家执教与派团队出访,积极参加国际竞赛交流等措施,使得广大教练员、运动员开阔了眼界、增长了见识,从而迅速接受了当时世界上先进的东西。为了加强对体育工作的领导,人民政府设立了中央和地方各级的体育运动委员会,以管理国家的体育运动。各级竞赛制度和运动员等级制度开始逐步建立和健全,竞技体育的发展有了基本的组织保证。竞技体育从新中国成立之初组建国家队开始,逐步形成了由基层体校到重点体校再到体工队的"三级训练网",同时确立了"从难、从严、从实战出发,大运动量"的"三从一大"的训练原则,这促进了运动成绩的提升。

虽然我国竞技体育运动发展起点低,但是参与者们的干劲大,再加上中央的重视,这些都有力地推动了竞技体育工作的开展,使竞技体育运动呈现出轰轰烈烈的发展局面,我国各项竞技运动的成绩在短期内就有了很大的提高,个别项目甚至迅速达到了世界先进水平。1960年,我国登山队首次从北坡登上珠峰;1961年,我国乒乓球队勇夺3项世界冠军和4项世界亚军。尤其是我国的举重项目自20世纪50年代以来,7个级别3项总成绩平均每年递增12.5公斤,递增系数为4.64,而同一时期世界总成绩平均每年仅递增2.7公斤,递增系数为0.59,我国举重成绩发展的速度是世界平均速度的7.9倍。并且在这一时期我国先后有3名运动员11次打破4个级别的挺举世界纪录。这些成绩的取得也使我们发展竞技体育的决心得到了极大的鼓舞。

尽管这一时期我国竞技体育界主要是引进国外先进的运动技术与训练理论,但在消化、吸收的同时,也在逐步摸索自己的发展道路。我国在结合本国实际自发探索项目的内在规律、完善具有中国特色的训练理论与方法等方面,进行了艰苦卓绝的努力,取得了一定的成就。个别项目对制胜规律有了一定的认识,并开始了技术上的创新,20世纪50年代的跳高项目就是一个很好的例子。著名田径教练黄健当时承担着国家集训任务,他通过分析世界优秀跳高运动员的状态,最终确定"以全面训练为基础,狠抓技术训练"以及"全面系统进行大运动量训练"的中国跳高发展方针。这一认识,可谓是最早的关于项目制胜规律的描述。在这一方针的指导下,结合当时较为先进的"剪式"技术,经过三年努力,优秀运动员郑凤荣在1957年以1.77米的成绩打破了女子跳高世界纪录。这一成功,不仅为女子跳高运动员的训练提供了宝贵经验,而且也间接带动了男子跳高的发展,于同年突破了2米大关。20世纪50年代末,我国的竞技体操项目提出了"难度大、质量高、形象美"的训练指导思想,这一指导思想初步揭示了体操项目的制胜规律。另外,我国的传统优势项目——乒乓球,从20世纪60年代初登上世界高峰起,基于对乒乓球制胜因素的认识,中国乒乓球队明确提出了快、准、狠、变的训练指导思想,抓住了击球的速度、准确性、力量及多变性等要素,以快为主,以快制转;在战略上则敢于出奇制胜,以奇攻坚,遏制住了欧洲人的下旋削球和日本人的上旋弧圈球。

尽管这一时期我国竞技体育发展起点低、总体水平不高,但是进步非常快,部分项目也取得了突出的成绩。这个时期竞技体育项目成绩的取得同当时教练员对项目制胜规律认识的准确把握是分不开的。虽然这种认识处于初始阶段,但却为各个项目运动成绩高峰的出现奠定了良好的认识基础,同时也在为项目制胜规律的后续研究积蓄能量。

第二节 制胜规律研究的停滞阶段(1966—1976 年)

1966—1976 年间发生的十年动乱给我国带来了巨大的影响,体育界未能幸免,也成为"重灾区"。体育战线在此期间经历了重重磨难:组织机构遭冲击,运动队伍被解散,争创运动成绩被污蔑为"锦标主义",是非混淆,黑白颠倒。队伍被摧残,机构被拆散,思想被搞乱,训练被搞垮,规章制度被乱砍,体育设施被损毁,竞技体育被破坏,严重影响了青年运动员的健康成长,致使运动队伍青黄不接,成绩停滞、下降,拉大了与世界先进水平的差距。国际体育交往遭到破坏,竞技体育的发展受到严重干扰,使我国竞技体育的整体水平降到谷底(韩学民等,2009)。尽管由于周总理、邓小平等老一辈无产阶级革命家的远见卓识和不懈斗争,还有广大干部、群众的抵制,使得体育工作在此期间也出现过短暂的整顿和恢复,甚至在一些方面取得了一定的发展,但是,发生在这一时期的动乱终究还是给我国竞技体育事业的发展造成了无法估量的破坏。

在这种环境下,竞技体育的科研工作也几乎处于停滞状态,项目制胜规律的研究没有任何进展。

第三节　制胜规律研究的初级探索阶段(20 世纪 70 年代末至 80 年代中)

　　20 世纪 70 年代末至 80 年代中期是我国竞技体育项目尤其是优势项目的探索时期,同时也是项目制胜规律研究的初级探索阶段,表现为对项目制胜因素的简单提炼。

　　1976 年 10 月,我国体育获得新生,竞技体育事业也面临全新的发展机遇。1978 年,党的十一届三中全会揭开了改革开放的历史新篇章。自此,体育界精神得以振奋、思想得到解放,有力的措施助推了体育界的迅速发展。1979 年,我国在国际奥委会的合法席位得以恢复,标志着我国重新登上国际竞技舞台。由于长期与国际竞技赛场隔绝及竞技体育曾遭受严重冲击等,我国的竞技水平与奥运竞技水平之间形成了十分明显的差距。基于此,我国竞技体育界对竞技运动项目和训练实践中出现的许多问题,进行了广泛而深入的思考,并在认真总结过去经验的基础上,在许多项目的训练实践中开始了改革和探索,总结项目制胜规律,以极大的进取精神开始在赶超世界先进水平的道路上前进。

　　这一时期,我国大部分优势竞技项目经过自发探索,逐步形成了比较系统的训练原理与方法,开始明确地提出切合我国实际的训练指导思想和项目制胜规律。例如,乒乓球项目在 20 世纪 70 年代以后,面对新的世界竞争格局,即面对欧洲运动员以横拍快攻结合弧圈和以弧圈结合快攻两种打法咄咄逼人的挑战,中国队及时认识到旋转在乒乓球竞赛中的重大威力和位置,强调"过弧圈关",在原来的训练指导思想中加上了"转",使中国队对乒乓球制胜因素的认识更加完善。排球项目则提出了"在技术全面的基础上,以攻为主,积极防守;发展高度,坚持快速,密切配合,实现'快、狠、准、变'"的训练指导思想,在训练实践中又总结出"全、高、快、变"这四个制胜因素。所谓全,就是全面掌握排球各项技术,达到规范、熟练、准确、实用的程度;

高,则指应具备一定的网上高度,包括身高、手高和弹跳高度;快,指技术动作的速度快,串联、配合的节奏快,攻防转换衔接快等;变,指能够根据不同对手和场上情况灵活运用各种技术和战术。

正是基于切合我国实际的认识,中国女排发展了一整套从选材、训练到竞赛的行之有效的方法,形成了中国女子排球的独特风格,从而使女排迅速崛起并在 20 世纪 80 年代攀上了世界排球运动的最高峰。在同一时期,我国体操界对体操技术的艺术表现力及动作的准确性、重复性、落地稳定性等方面在竞赛中的重要地位也有了深入的认识,较全面地把握住了体操项目"难、新、美、稳"四大制胜要素,使中国体操不仅顺利地完成了"文革"后的恢复和提高,而且开始了向世界顶峰的冲击。

这一时期,我国竞技体育界对优势竞技项目的探索使我们对竞技体育制胜规律有了一定的认识,开始从表面现象逐步深入事物的本质,从对局部的认识逐步扩展到对项目的比较全面的认识,并开始明确地揭示出运动项目自身的内在规定性,项目制胜规律研究进入初级探索阶段。

第四节 制胜规律研究的深入探索阶段(20 世纪 80 年代中至 90 年代初)

进入 20 世纪 80 年代以后,我国一些优势竞技项目开始进入了相对成熟的时期,一大批项目竞技成绩达到了世界先进水平,登上了竞技运动的高峰。中国女排获得"五连冠";中国乒乓球队在第 36 届世界乒乓球锦标赛上囊括了全部金牌;中国男子体操第一次赢得了世界团体冠军;女子体操第一次取得团体亚军;男子跳高三破世界纪录;跳水项目跻身世界"四强"行列;举重项目多次打破世界纪录;游泳项目打破了日本在亚洲泳坛的垄断地位,实现了"冲出亚洲,走向世界"的夙愿。特别是在 1984 年第 23 届奥运会上我国体育代表团实现金牌零的突破,并一举夺得 15 枚金牌,引起了国际体育界的关注;紧接着又在 1986 年第 10 届亚运会上我国体育代表团获得金牌总数第一名,第一次战胜日本、韩国等国家和地区,成为亚洲体坛的霸主。

　　这一时期优异运动成绩的大量涌现,使我国竞技体育界对项目制胜规律的研究朝着更加深入的方向发展,主要表现为对项目制胜规律认识得更加深入,并且在基础理论研究方面也将制胜规律本身作为一个独立的研究对象展开研究。竞技体育的"博弈理论"便是一个突出的典型,该理论运用系统分析的方法把竞技体育的实践活动划分成三个层次:博弈原理层、博弈决策层和博弈实施层。博弈实施是竞技实践活动构成系统的表面层次,是人们可以直接观察到的选材、训练、竞赛等实践活动,这些实践活动属于人类社会行为的操作类范畴。人类社会实践的操作性行为必须来源于决策性行为,竞技体育的实践活动也不例外,博弈实施受博弈决策的驱动。博弈决策是指对竞技项目参与竞争的战略目标、方针、政策、策略、途径、手段等的制订和抉择。博弈决策是比博弈实施更深一个层次的东西,人们对所进行的选材、训练、竞赛等活动依据自身的决策性行为而做出判断和选择,这种判断和选择源于人们的认识,这种认识在竞技实践中我们称之为博弈原理。博弈原理是竞技实践的深层结构的东西,是人们在竞技实践中不易观察而又必须时时遵循的基本原理,是人们进行博弈决策和展开博弈实施必须遵循的准则,博弈原理是指竞技实践中最基本、最具有普遍意义的规律。一般也可以认为博弈原理是竞技实践中其他规律的基础规律。在博弈原理中,"制胜规律"是一个具有核心地位的规律。所谓"制胜规律"是指在竞赛规则的限定下,人们在竞赛中战胜对手,争取优异成绩所必须遵循的准则。制胜规律的组成包括两个方面:一是制胜因素;二是制胜因素之间的本质联系。制胜规律是竞技实践的最基本、最重要的原理,是博弈原理中的核心部分,竞技实践活动的选材、训练、竞赛、管理、决策等活动,都必须服从于制胜规律的要求,也为它所决定,还必须受它的规定和制约。

　　以博弈理论为基础,这一时期各个项目对制胜规律的研究从对制胜因素的一般性提炼进一步深化为对各制胜因素之间相互关系的研究和把握,并根据世界竞技形势的新变化,制定相应的制胜策略,采取相应的制胜措施。例如,随着我国竞技体操界对体操制胜规律研究的深入,相关人员已认识到一切体操实践活动都必须以提高"难、新、美、稳"的品级为目的,必须以是否能提高各制胜因素的总体效益来评价体操选材、训练、竞赛、管理等实践结果的优劣。"难、新、美、稳"虽各有不同的内涵,但又紧密相关,相辅相成。制胜因素的发展变化有可能呈现出多因素结合、单因素突前及潮流更迭等多种形式。这些认识都大大丰富了竞技体操的基本理论,推动了我国体操事业的发展。

另外,当时国家体委教科司的一个重点研究项目——"中国优势项目制胜规律"立项。该项目集中了国家体委科研所、国家体委训练局、北京体育学院、上海体育学院等 10 个单位共 30 多名专家、学者,经过两年多的奋斗,以题为"中国优势竞技项目制胜规律"的专著形式出版。这是我国第一部关于制胜规律研究的专著,对我国竞技体育界关于项目制胜规律的研究有着深远的影响,其后各个项目制胜规律的研究基本都沿袭了这一研究范式。

第五节 制胜规律研究的全面深化阶段(20 世纪 90 年代初至今)

自 20 世纪 90 年代初开始,随着我国经济的快速发展,人们的物质文化生活得到了极大的改善,越来越多的人开始关注竞技体育的发展,参与和观赏竞技体育比赛成为人们日常生活中不可或缺的部分。各个运动项目都受到了广泛关注,加上竞技体育全面发展的需要,我国竞技体育界继续加大项目制胜规律研究的科研力度,涌现出了一批卓越的研究成果,《中国乒乓球竞技制胜规律的科学研究与创新实践》就是其中最有代表性的一个。该课题在 1999 年实施并于 2006 年通过鉴定,是我国乒乓球界在长期实践和理论探索中集体智慧的结晶,是科研人员与教练员、运动员紧密结合及共同实践的结晶。该课题深入研究了乒乓球项目的制胜原理、竞技训练理念、竞技训练实践安排以及从实战出发,细化技战术的科学基础和后备人才的培养与生产线的构建。更值得一提的是,该课题还对乒乓球竞技制胜个案的规律进行了探索与实证研究。该课题对于保持我国乒乓球运动的国际地位，协助中国乒乓球队备战 2008 年奥运会，具有非常重要的实践和理论意义。

进入 21 世纪，项目制胜规律的研究开始将目光转向潜优势项目，制胜规律研究进入全面深化阶段。竞技篮球、竞技网球、竞技健美操、划船、沙滩排球、击剑、帆船帆板、古典式摔跤等项目制胜规律研究的文献资料在各种期刊上公开发表，这对各个项目的竞技实践起到了一定的指导作用。更值得提出的是，自 2008 年北京奥运会以后，为了实现我国由竞技体育大国向竞技体育强国迈进的伟大目标，我国冬奥会优势项目制胜规律研究的国家课题立项，冬季项目制胜规律的研究也已全面展开，如火如荼。

我国竞技体育界对运动项目制胜规律的研究具有明显的时代特征，运动项目制胜规律的认识随着竞技体育的发展逐步深入，特别是改革开放后，随着我国经济取得了巨大的发展，竞技体育事业也得以向前推进。竞技体育界的科研工作者们也对项目的制胜规律展开了更加深入的研究，不仅表现为 20 世纪 80 年代至 90 年代对各个优势项目制胜规律的探索，而且还表现为对制胜规律本身展开了理论上的基础研究。至此，项目制胜规律的研究进入了深入探索阶段。20 世纪 90 年代以后，在此前基础理论研究的基础上，不仅我国的优势项目制胜规律研究得以继续深化，而且潜优势项目和冬季项目的制胜规律研究也全面展开。

我们对制胜规律研究进行总貌的历史考察的时候，更加深刻地感受到了制胜规律研究的紧迫性和可能的艰巨性。半个世纪以来的制胜规律研究的历程说明：一方面，竞技必须也必然有着制胜规律的在场，不能漠视本应成为研究重心的问题；另一方面，我们的制胜规律研究存在很多歧义，包括界定的、表述的、理解的方面等等。这都需要我们进行深刻的审思，对制胜规律本身和制胜规律研究进行深刻的反思。

制胜规律是竞技运动实践中最基本、最重要的原理，是规定和驱动整个竞技实践系统中各分系统之规律的核心内容。我国竞技体育界对项目制胜规律的研究历来都很重视，半个世纪以来，我国体育界对制胜规律问题做了多方面的研究，而且随着研究工作的步步深入和不断发展，这一领域也取得了丰硕的研究成果。同时也应当指出，过去对制胜规律问题的研究存在着不少问题。关于制胜规律的概念、内容、要素、研究方法等基本理论问题并没有进行系统研究。对于"什么是规律""什么是运动项目规律""什么是运动项目的制胜规律""项目制胜规律包括哪些内容""怎样研究项目制胜规律""怎样把握项目制胜规律""怎样利用项目制胜规律"等科研及训练实践中经常碰到的疑惑与问题，也没有做出过实质性的介绍，以致基本概念含糊不清，研究内容狭窄，研究层次不清晰，研究角度各式各样，未形成方法体系，研究脱离项目实际，整个研究不规范、无序化。基于此，本书选取运动项目的制胜规律作为研究对象，对运动项目制胜规律的基础理论问题展开研究。我国制胜规律研究的历史沿革见图 4.1。

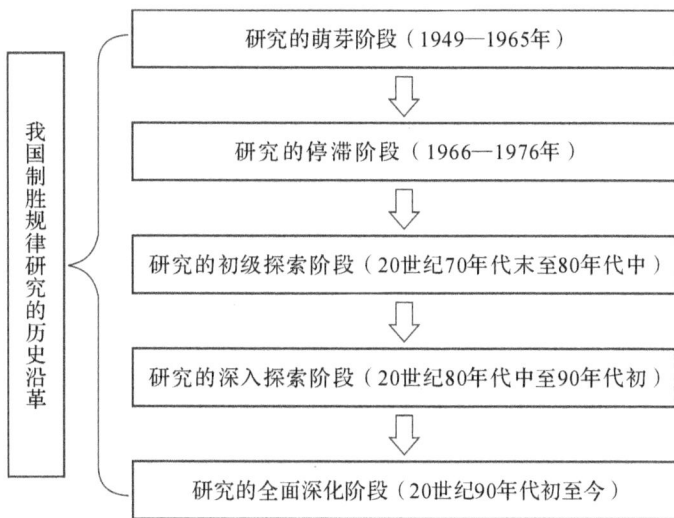

图 4.1　我国制胜规律研究的历史沿革

小　结

我国竞技体育界关于制胜规律的研究可谓贯穿我国竞技体育发展的始终，特别是同竞技体育优势项目的发展息息相关，并呈现出明显的时间特征，具体的研究阶段划分为：第一，制胜规律研究的萌芽阶段（1949—1965

年);第二,制胜规律研究的停滞阶段(1966—1976 年);第三,制胜规律研究的初级探索阶段(20 世纪 70 年代末至 80 年代中);第四,制胜规律研究的深入探索阶段(20 世纪 80 年代中至 90 年代初);第五,制胜规律研究的全面深化阶段(20 世纪 90 年代初至今)。我国竞技体育界关于制胜规律研究的各阶段展开的方面不同,发展的程度各异,并呈现出各自不同的时代特点。

第五章

我国制胜规律研究已有范式的局限性

第一节　范　式

范式（paradigm）的概念源自库恩（Kuhn）的科学哲学研究，按照库恩的解释，范式是指科学共同体所共有的信念体系。库恩认为，范式即指某一科学家集团围绕某一学科或专业所具有的共同信念。这种共同信念规定他们有共同的基本理论、观点和方法，即一种"世界图式"或世界观。科学革命的实质就是范式的转化与更替，新旧范式有质的差别，尽管他们的结构相同，但基本成分，即理论、定律和基本观念已经改变。范式的概念后来被引用到科学哲学以外的广泛领域。目前，"范式"一词通常被理解为人们看待与处理特定领域内的一种现象或一系列问题的基本原理（陈晓端，2004），有时也被理解为某一研究群体公认的"理论模型"或"研究框架"（杨杰，2005）。

通俗地讲，范式是某一研究群体共同遵守的观察视角和话语体系。比如，心理学中对学习理论的阐述，行为主义有它的一套关于刺激—反应的论述，而建构主义则强调情境、对话、主体对意义的建构理解等，这就是两种不同的范式。再比如，生物学中细胞生物学以生物细胞为单位展开研究，构造出一整套理论体系，而分子生物学则以构成有机体的分子为单位展开研究，也构造出一套完全不同于细胞生物学的理论体系，因而可以说二者属于生物学研究的不同范式（周成海，2007）。范式的概念早已超出了库恩赋予范式的原义，被广泛地用来表征或描述一个框架、一种思维方式、一种理论模型、一种理解现实的体现、科学共同体的共识等（杨杰，2005），它对于解决各种具体问题起到了定向的作用。

最近几年，范式的研究理念也被引入体育研究的相关领域。如：王长生和张国兵（2006）将范式理解为选择的研究方法，认为当今国际运动心理学方法论仍以量化为主的研究范式，"质"的研究方法已经开始在国际运动心理学研究中拓展开来；杨杰（2005）在其博士学位论文《运动决策的描述性范式研究》中，以系统化的描述性范式作为方法论指导，在描述性范式的决策理论和决策模式的基础上首次建构了运动决策理论,界定了"运动决策"概念,明确指出"运动决策"不是运动知觉预测过程,而是运动员在特定情境中根据有限的信息,对问题进行直接地和迅速地解决的思维过程,该文对运动决策机制的探讨,揭示了运动决策的本质,为开展运动员的心理训练提供了理论依据;翟兆峰(2007)在对体育人文社会学理论范式的研究中指出,体育人文社会学理论范式由体育人文社会学理论范式的观念范式、规则范式和操作范式三部分构成。

虽然这种研究理念引起了广大体育工作者的注意,但在训练学领域中涉及范式的研究寥寥无几。北京体育大学运动训练学研究生李端英(2008)在其硕士学位论文《中国运动训练学的范式及其演进》中第一次将范式的概念引入运动训练学理论的研究,从科学哲学的角度探讨中国运动训练学理论系统的发展和演进,对中国运动训练学半个世纪以来的发展脉络进行了梳理,并对各时期理论形成的历史背景、研究取向、研究方法以及对实践产生的影响等特征规律进行了较为全面、深入的研究,该文的研究对于中国运动训练学理论研究来说意义重大。

第二节　局限性

本书在细致、详尽地搜集和周密、系统地分析有关制胜规律研究文献的基础上,通过对我国制胜规律研究的历史进行梳理之后发现,我国现有的关于制胜规律的研究均是围绕寻找所谓的"制胜因素"这种范式展开的,并且这种研究范式具有四个明显的局限性:第一,研究的概念不明确;第二,研究的内容较狭窄;第三,研究的层次不清晰;第四,研究脱离项目特点。正因为研究存在着这样四个局限,才导致许多的研究成果对项目发展的指导性不强,在项目实践中应用价值不大,研究的意义不能真正地体现出来。

一、研究的概念不明确

概念是深入开展相关理论分析和理论探讨的基本前提与逻辑起点,直接关涉理论研究的严密性、系统性与科学性。我国竞技体育界有关项目制胜规律研究所涉及的概念都源自一家,虽然一些文献中相关的概念有所不同,但也只是在文字的表述上稍作修改,其所表达的意思并没有实质性的区别。

传统的制胜规律的概念为:"在竞赛规则的限定下,人们在竞赛中战胜对手、争取优异运动成绩所必须遵循的准则。"通过分析,我们能够发现该概念本身有着语义反复、指意不明的错误。

正因为传统的制胜规律的概念有着它本身不可避免的历史局限性,所以在项目制胜规律的研究过程中也暴露出很多的缺点,比如,研究内容狭窄,研究层次不清晰,研究角度各式各样,未形成方法体系,整个研究不规范、无序化,研究脱离了项目特点。

二、研究的内容较狭窄

我国现有的关于运动项目制胜规律的研究习惯于将项目的制胜规律归纳为简练的几个字,并把它们称之为"制胜因素",简单地将制胜规律认为是"制胜因素"及"制胜因素"之间的关系。例如:有研究认为蹦床运动自身的动作特点高、难、美、准,就是制胜因素,蹦床的特有本质决定了蹦床动作的四大特点,训练中必须以这四大特点为主线,只有这样才能获得好的训练效果,才能在激烈的竞争中取胜(夏秀亭,2002);还有研究认为体操项目的制胜因素为力、难、新、美、稳、智,其各因素之间的本质联系表现为总合律、主导律与突前律(赵洪明,2002)。首先,不难看出以上的研究都是针对从事该项目的运动员在比赛中的表现展开的,并且归纳出来的所谓的"制胜因素"在某种意义上也只能称其为技术风格;其次,这些研究明显都倾向于考察运动员技能方面的特点,而对于贯穿比赛始终的运动员的精神力量及其作用都没有涉及;最后,这些研究只考察了单方面的活动,而忽略了竞赛是双方或者多方经常发生相互作用的过程。

因此,本书认为对于竞技体育的制胜规律这个复杂的系统来说,仅针对比赛开展研究并且将制胜规律归纳到技术风格上,这样的研究内容无疑过于狭窄,并且不利于各级教练员把握,研究的指导性不够,实用性不强。

三、研究的层次不清晰

笔者在对文献进行整理分析时发现,不少研究虽然以项目制胜规律作为研究对象,但是其研究内容的层次却并不清晰。例如,有的研究认为跳高项目的制胜规律是不断地争取获得最大腾空高度和利用这个高度越过更高的横杆高度。只有对人体极限能力不断进行开发和充分发挥,才能提高运动成绩。刘翔的制胜因素和制胜规律是精湛的运动技术、多年系统性的训练、认真贯彻"三从一大"训练原则、转变观念和与国际接轨(李金珠和于建成,2006)。这些研究中有的是针对比赛展开,有的却是针对项目发展本身展开,更有研究两者兼备,但其研究的层次却依旧不够清晰。

对于制胜规律这个复杂系统开展研究,其研究层次必须清晰。广义的制胜规律、狭义的制胜规律,宏观的制胜规律、微观的制胜规律,必须界定清楚,这样研究才会更加科学、合理,研究的实用性和针对性也会更强。

另外,这些研究都力主对项目制胜因素的提炼,并且也关注了各制胜因素之间存在的联系,这对于制胜规律的研究来说确实是非常必要的,但是这些研究都忽视了制胜因素与制胜这一结果之间的本质联系。只有与运动项目制胜这一结果之间存在着本质的、必然的、稳定的联系的因素才能称之为制胜因素,这也是我们研究的基本方向所在,如果脱离了这一方向,我们的研究结果也将毫无意义可言。

四、研究脱离项目特点

纵观现有的项目制胜规律研究,可以发现基本上所有的研究都将项目的制胜规律总结为简练的几个字,比如:乒乓球制胜的因素为"快、准、狠、变";体操制胜的因素为"难、新、美、稳";排球制胜的因素为"全、高、快、变";

等等。我们知道竞技体育的每一个项目的特点是不一样的,即使属于同一个类属,聚合项群的项目之间在性质上也存在着天然的差异。体能主导类与技能主导类性质不同,对抗类与非对抗类性质不同,同场对抗类与隔网对抗类性质亦不同。如果我们在研究项目的制胜规律时忽略项目本身的性质而千篇一律地囿于同一种研究模式的话,那么我们的研究就失去了针对性,研究的价值也将大打折扣。因此,在开展项目制胜规律研究时,应该在认识项目本质的基础上,根据该项目自身的特点和性质,合理地选择研究的方式和角度。

综上所述,我们过去对竞技本身的复杂性认识不足,制胜规律的研究很多是从简单性的研究范式出发的,过于强调制胜规律的真理性,追求揭示竞技系统内部要素之间的因果关系。这实际上是一种决定论的制胜规律,忽视了制胜规律研究的其他范畴和多元表达。

小 结

范式是某一研究群体共同遵守的观察视角和话语体系,通过对我国制胜规律研究的历史进行梳理之后发现,我国现有的关于制胜规律的研究均是围绕寻找所谓的"制胜因素"这种范式展开的,并且这种研究范式具有四个明显的局限性:第一,研究的概念不明确;第二,研究的内容较狭窄;第三,研究的层次不清晰;第四,研究脱离项目特点。正因为研究存在着这样四个局限,才导致许多的研究成果对项目发展的指导性不强,在项目实践中应用价值不大,研究的意义不能真正地体现出来。

第六章　竞技制胜规律的概念解析

在开展运动项目制胜规律理论研究的过程中,首先要论及制胜规律的概念这个基础的理论问题。概念的准确拟定和规范表达是深入开展相关理论分析与理论探讨的基本前提及逻辑起点,直接关涉理论研究的严密性、系统性与科学性。在此,笔者首先从哲学角度出发,将与制胜规律研究相关的质和项目特征、本质和项目本质以及经验等基础概念界定清楚,再以此为基础对传统的制胜规律的概念进行解析,并找出它的不足,为开发出较为科学合理的制胜规律的概念打下基础。

第一节 相关概念分析

一、质和运动项目特征

质是指某一事物区别于其他事物的一种内部规定性,是由事物内部矛盾规定的,通过具体事物表现出来,是直接的范畴。质是一事物区别于其他事物的规定性,用通俗的话来说就是:"这个东西是什么?"(包括其产生、发展、变化的过程)而要了解这个东西是什么,就不得不了解这个东西的各个组成成分,包括其规模、程度、速度、空间排列等可以量化的部分。

比如,如果我们想了解某学校的课程设置情况,我们除了应该知道该课程的内容和结构,还必须知道以下信息:数量,如学生每周上几门课,每天上几节课,每节课多长时间;进度,如这门课用了多少学时;程度,如该课程的难易程度,学生对课程的理解是否有差异等。因此,一个事物的质实际上指的是该事物的性质、属性、特质,是该事物区别于其他事物的特征和组成部分,包括该事物中可以量化的特征和组成部分。

由此可见,运动项目的质是该项目的一种内部规定性,是对项目内部矛盾的研究,是该项目是什么的问题,研究运动项目的特征就是研究该项目的质。而要了解这个项目的特征是什么,就要从了解这个项目对运动员竞技能力的要求入手,包括体能、技术、战术、心理等方面。因为,项目的特征是通过运动员在比赛中表现出来的竞技能力而体现出来的。

例如,王智勇等(2009)通过分析速滑短距离项目的竞赛规则、冰陆结合的训练、运动素质、技术等方面得出结论,现代短距离速滑项目特征表现为:"由于竞赛规则的改变使竞赛更具公平性,但对体能的要求也越来越高;陆地体能训练贯穿全年始终,是运动员专项体能的基本保障;肌肉力量尤其是快速力量是短距离速滑运动的主导运动素质。"

黎涌明等(2010)研究认为:皮划艇激流回旋项目100s左右的全力划要求运动员具备良好的力量耐力和糖酵解能力;一天连续两轮比赛要求运动员具备良好的有氧能力以保持两轮比赛间恢复的快速性;高酸性环境[血乳酸(13.03 ± 2.65)mmol/L]要求运动员具备良好的耐酸能力以保证疲劳条件下技术发挥的稳定性;湍急水流要求运动员具备良好的核心力量以保证非稳定条件下技术发挥的有效性;复杂线路要求运动员具备良好的技能以保证复杂环境下反应的及时性;分数判罚要求运动员具备良好的心理能力以保证高压力下技术发挥的稳定性。因此,可以看出皮划艇激流回旋是一个集体能、技能和心理能力于一体的复杂项目,三者互为基础,缺一不可,体能是基础,技能是载体,心理能力是保证。

李欣(2009)认为皮划艇激流回旋比赛最终是以完成比赛时间的快慢决定比赛胜负的。因此,它是速度性项目,但是它不是简单的速度性项目,而是高级的、复杂的竞速项目。这种竞速需要体能、技术、智力、心理和配合(双划)的最佳组合发挥作为支撑。

项目特征的研究是项目制胜规律研究的前提,对项目特征的把握程度体现出我们对该项目的认知程度。从以上运动项目特征的研究成果可以看出,现有的关于项目特征的研究虽各有侧重,但也不尽完善,笔者认为对项目特征从以下几个方面予以认知应该比较全面:

第一,生物学特征,项目的能量代谢特点、神经—肌肉系统工作特征等。

第二,训练学特征,项目的结构、运动员竞技能力的主导因素、全程性多年训练的阶段特征、全年训练的周期性特征、赛前训练的特征、周训练特征、课训练特征、训练内容、方法手段及负荷特征(量和强度)、体重控制、伤病、运动员成才规律、营养与恢复特征等。

第三,竞赛学特征,竞赛规则、竞赛安排(季节、时间、世界及国内重要赛事等)、竞赛环境、竞赛方法、裁判行为等。

二、本质和运动项目本质

本质是决定事物性质的东西,按黑格尔的说法就是"根据",是"矛盾",是事物内部诸要素的"联系"。本质就是事物成为它自身的根本规定性或占统治地位的质,是事物存在和发展的内在根据。本质不是规律。

质和本质都是事物的规定性,本质在质中,是质系统的核心层次或存在根据,二者的区别在于:质是一种直接的、具体的规定性,而本质是间接的、抽象的规定性。质相对于本质而言是具体的、特殊的、表面的,而本质是抽象的、普遍的、单纯而深刻的。本质存在于现象的深处,要依靠理性认识才可把握。如对于人而言有许多具体的规定性——高矮、胖瘦、脸型、年龄、皮肤颜色等等,每一规定中又有许多更加具体的规定,这都是可以感知到的。人的本质是人的一般规定,即自由自觉的活动及社会关系的承担者,这一本质规定就不是通过感性认识把握的。与质相比,本质主要是揭示事物存在的根本规定性,而不是揭示事物的区别,是对质的扬弃。质没有展开事物的矛盾,只是表述事物存在简单规定,本质作为"存在的真理",是通过揭示矛盾双方的对立统一说明事物发展的内在动力。

人们能够把某物与别物区别开来就算是认识了这一事物的质,但并不能说已经掌握了该事物的本质。只有找到了该物成为它自身的根本规定性即存在的根据时才算认识了它的本质。如对某个人的认识,只把握其外貌特征就可以同他人相区别,但只有深入了解了他的健康状况、社会经济政治关系后才可以说达到了对其本质的认识。

事物的本质决定着事物的性质和特征,是事物成为它自身的根本规定性或占统治地位的质,是事物存在和发展的内在根据。本质是决定事物性质的东西,按黑格尔的说法就是"根据",是"矛盾",是事物内部诸要素的"联系"。简言之,"本质"就是一个具体的"类别"。人们问"××的本质是什么?"其实是在问"××属于什么类别"。项目本质的研究属于事物本质研究的范畴,项目的本质就是该项目的根本规定性,是该项目存在和发展的内在根据,项目本质的研究是项目制胜规律研究的关键环节。因此,项目的本质就是该项目的根本规定性,是该项目存在和发展的内在根据,是项目的类属。

例如,杨桦(2001)关于篮球项目本质的研究,该研究将篮球运动的本质圈定在了一个"准"字上,即篮球运动的本质是在强力对抗下的准确。

李欣(2009)对于皮划艇激流回旋项目的本质的确定,该研究认为激流回旋项目本质为技术动作复杂、心理应变和控制能力强的体能类划船竞速项目。

还有研究有这样的表述:刘翔110m栏的重大突破和稳定发展,其中蕴含着孙海平教练关于110m栏项目本质是"有障碍的短跑"这一经典论断。孙海平教练在其对110m栏项目深刻认识的基础上,抓住了本专项训练的本质与突破口,减少了负荷总量,并且突出了速度、专项力量等训练,实现了训练质量与效能的提升,使刘翔的成绩实现了飞跃并能长时期保持(邓运龙,2008)。

以上三种对不同项目本质的论述,笔者认为当以孙海平教练关于110m栏项目本质的论述最为经典,既准确地表达出了项目的性质,又有利于我们对项目特征的理解,其他对项目本质的论述也应当采取这样的形式。

三、经验和规律

经验是指人们在同客观事物直接接触的过程中,通过感觉器官获得的关于客观事物的现象和外部联系的认识。辩证唯物主义认为,经验是在社会实践中产生的,是客观事物在人们头脑中的反映,是认识的开端。康德在《纯粹理性批判》(2004)导言开头说道:"我们的一切知识都从经验开始,这是没有任何怀疑的。"这里的经验有两层含义:一是指与感性表象等同的杂多的感性材料;二是指感性和知性共同活动的产物。物理学中光的反射定律和折射定律,就是基于经验发现的反射(或折射)光线和入射光线的关系而确定的。但经验有待于深化,有待于上升到理论。哲学中的经验来源于感官知觉的观念和反思,即我们由内省而知道的那些观念。

经验是人与环境打交道的行动或者活动,包含了主动的方面——尝试,意味着我们对事物、环境有所作为,意味着实验,还包含了被动的方面——承受结果,意味着被作用的事物、环境反过来对我们有所影响。二者的联结构成经验的效果和价值。也就是说,我们的作为及其结果之间的关联性正是经验的连续性所在。简单地说是引起与被引起的直线式因果关联,实际上却可以演化出极其复杂的非线性关联,因为环境与我们的行动、作为不仅各自有着诸多不确定性,而且它们的相互作用更使这种不确定性和变化产生了多种可能。对理论工作者来说,可以从经验中发现和升华思想、理论,或可以为既有的理论提供科学可靠的实践依据;对实践工作者来说,经验可以直接效仿,从而指导和改善自己的实践,即时性地产生良好的效益。

经验(经验有正反两个方面,反面的经验我们称为"教训",书中主要论述正面的经验)是指符合规律的有效做法,是通过摸索、尝试而总结概括出来的,它带有工作的程度性、个体或区域的局限性、产生的偶然性和作用的有限性等。经验可以是个体的,也可以是群体的,如:刘翔的训练经验和国家田径队的训练经验;经验的普遍性和局限性取决于该经验具有多大的代表性,特别是其暗含规律的程度与影响结果有效性的程度。

经验本身总是分散的、支离的、破碎的,把破碎的经验综合为一个整体,并加以提炼,使之转化为规律性的东西,从而获得一个坚实的理论基础,用以指导我们的实践,真正做到"从实践中来,到实践中去"。

规律是现象与其他现象,以及现象内部各个构成要素之间本质的、必然的、内在的联系或关系。规律是对实践的深层次或本质联系的反映,它摆脱了实践的具体形式、地点、时间、类别的种种限制,使其具有普遍性、客观性和永恒性。换言之,规律是前因后果,是前一个状态和后一个状态之间可复制的恒定关系。认识和把握了这种内在必然联系,就可以对将要出现的现象和已经出现的现象的未来发展趋势有正确的预测,并提出相应的正确对策。同样,认识和把握了这种内在联系,我们也会更清醒、更自觉地按照这种因内在联系而产生的因果效应来提出我们的整体工作思路。

由于规律是隐藏在事物内部或表象之后的事物本质的内在联系,因此,规律的发现通常是在总结众多经验的基础上,通过多次去伪存真、由表及里的概括提炼,才能发现反映事物本质的规律,总结经验是认识和把握规律的前提与基础。

综上所述,经验是符合规律的有效做法或对这种有效做法的认识,而规律则是关系或联系。经验是具体的、特殊的、表面的、分散的、支离破碎的,而规律则是抽象的、普遍的、稳定的、单纯深刻的。对经验的分析、总结与提炼是认识规律的基础和必由之路。

马克思主义认为,人民群众在改造自然、征服自然的伟大实践中,总是在不断地积累经验,并用这些经验推动社会进步。然而,经验本身总是分散的、支离的、破碎的,把破碎的经验综合为一个整体,并加以提炼,使之转化为规律性的东西,从而获得一个坚实的理论基础,用以指导我们的实践,真正做到"从实践中来,到实践中去"。经验有待于深化,有待于上升到理论。我们的竞技体育领域也不例外,经验可以说是贯穿于运动员选材、训练、比赛的过程的始终,并发挥着重要的作用。虽然在某些时候我们并不了解其背后的科学依据,但是它所起的这种作用毋庸置疑。在新的历史条件下,我们应该注重对竞技体育实践中经验的搜集和研究,不断总结竞技体育实践中的新经验,善于把竞技体育的实践经验升华为理论,善于用理论创新的成果指导实践。

第二节　对传统竞技制胜规律概念的分析

经过全面的文献资料收集和整理后发现,我国竞技体育界有关项目制胜规律研究所涉及的概念都源自一家,虽然一些文献中相关的概念有所不同,但也只是在文字的表述上稍作修改,其所表达的意思并没有实质性的区别。该概念为:"制胜规律是在竞赛规则的限定下,人们在竞赛中战胜对手、争取优异运动成绩所必须遵循的准则。"这种表述存在以下几点不足。

第一，根据汉语语法对制胜规律概念的表述进行分析，该表述可以理解为"制胜规律是准则"。这里我们有必要再对"准则"一词的含义进行分析，通过查阅工具书，"准则"可以解释为：行为规则、标准（《军事大辞海》）；言论和行为应该遵循的原则（《新语词大词典》《当代汉语词典》）。根据工具书中的解释，准则是行为的规则、标准、原则。出于研究的严谨性，本书也有必要引入"原则"的含义，"原则"是指导言论和行动的理论规定（《马克思主义哲学大辞典》）；说话或行事所依据的法则和标准（《新华汉语词典》）。明确了准则和原则的含义后我们就会知道：准则或原则是规律在实践领域中的应用，是在某种程度上符合规律的做法或者行为方式，而不是规律本身。再者，下定义时，下定义概念与被定义概念外延（概念所反映的事物的范围）必须相等。传统的制胜规律的概念与概念所反映的事物——准则的范围很明显是不相等的，因为规律不等于准则。

第二，我们再对"制胜规律"一词进行分析。本书认为：制胜规律必须属于规律的范畴，应该是规律范畴在竞技体育中表现出来的特殊形式，应该以规律的含义作为基础得出其概念。就一般对规律的理解而言，人们所熟知的规律的含义是：事物发展过程中本身所固有的本质的、必然的、稳定的联系。这一界定依据列宁的《哲学笔记》中对黑格尔《逻辑学》一书写下的极其精辟的批语。在列宁看来："规律就是关系——本质的关系或者本质之间的关系""规律是宇宙运动中本质东西的反映""规律是本质的现象""规律是现象中巩固（保存着的）的东西"（陆永平，2007）。根据规律的含义，制胜规律应该是竞技体育在制胜过程中的某些本质的关系或者是那些本质之间的关系。制胜规律应该揭示以制胜为目的的某些关系，但是传统的制胜规律概念的表达以及它的研究内容却与此相去甚远。

制胜规律也是 2000 年版的《运动训练学》教材中一个非常重要的概念。虽然在教材中对它进行了改造，新概念表述为："制胜规律是指在竞赛规则的限定内，教练员、运动员在竞赛中战胜对手、争取优异运动成绩所必须遵循的客观规律。"该概念的缺点也非常明显，该概念存在语义反复的错误。

正因为传统的制胜规律的概念有着它本身不可避免的历史局限性,所以在项目制胜规律的研究中也暴露出很多的缺点,比如,研究内容狭窄,研究层次不清晰,研究角度各式各样,未形成方法体系,整个研究不规范、无序化。为了改变这些状况,同时也为了以后制胜规律研究的科学性和合理性,我们有必要重新对制胜规律进行概念的考察,努力给出新的、科学的概念。

第三节　制胜规律概念的考查

本书认为,制胜规律属于规律的范畴,是规律范畴在竞技体育中表现出来的特殊形式,应该以规律的含义作为概念的基础,再结合竞技体育的特点和制胜目的的规定性得出其概念。因此,本书在对制胜规律概念重新界定时先对规律的科学内涵进行考察,然后考察竞技体育制胜的内涵,最后在两者的基础之上,通过理论联系竞技体育的实践和特点得出制胜规律的概念。

一、规律范畴的科学内涵

规律作为与必然性、本质等相关的范畴,早在古代哲学和科学中就为人们所关注。古希腊哲学家德谟克利特对规律的探索和说明的兴趣甚至达到痴迷的地步,他把规律和必然性当作"命运",称之为"逻各斯",表示宁肯找到一个因果(规律性)的说明,也不愿获得一个王位。这种境界集中体现着一种探究意识和对科学的献身精神(孙宝根,2008)。不同时期的哲学家和科学家们在这种强烈的探究精神与理论兴趣的感召下,努力地探索着客观世界存在着的各式各样的必然性和规律,同时也试图对规律本身进行规定,揭示规律的本质和特点。

按照唯物辩证法,世界是客观的、普遍联系的有机整体,而世界的联系与运动发展并非杂乱无章,有其必然的趋势和确定的秩序,即规律性。规律是客观事物发展过程中本身所固有的本质的、必然的、稳定的联系(吴畏,1997)。规律是标志世界运动发展中本质联系和必然趋势的哲学范畴,是人在实践基础上发现和揭示出来的客体的确定秩序与发展趋势(巨乃岐等，2007)。规律范畴的这种规定包含着两个方面：第一，联系；第二，发展。

从联系的方面看，规律是事物运动发展过程中本身所固有的本质的、必然的和稳定的联系。这种联系包含三个要点：

第一，本质的联系。列宁指出，"规律就是关系"就是"本质的关系或本质之间的关系"。[①]客观世界的事物、现象和过程之间的联系是普遍的，联系的形式也是多种多样的，诸如物体和物体之间的联系、原子内部原子核和核外电子之间的联系、生物物种之间的联系、社会中人和人之间的联系等等。但不是所有的联系都是本质的联系，世界上有许许多多的联系是非本质的联系，而只有本质的联系才能称之为规律。例如，生产关系和生产力状况相适应的规律揭示了物质生产的内容和形式之间的联系，元素周期律揭示了元素的化学性质与原子序数之间的联系，万有引力定律揭示了物质之间的引力联系。以上这些定律和规律揭示的都是事物之间的本质联系。

第二，必然的联系。虽然规律所揭示的联系是多种多样的，但是这种联系是确定不移、不可改变、必定如此的联系。例如，电磁感应定律揭示了电流变化引起磁场变化、磁场变化引起电流变化的必然联系。人类社会的发展过程也是一个必然的历史过程，资本主义必然代替封建主义，社会主义必然代替资本主义，人类最终会实现共产主义，俗语"龙生龙，凤生凤，老鼠的孩子会打洞""种瓜得瓜，种豆得豆"等等，都是对必然联系的形象描述。

第三，稳定的联系。规律揭示的是事物各种现象中相对稳定和巩固的联系，这就是规律的稳定性。根据已知的科学理论准确无误地预言某些自然现象和过程，就是规律的稳定性的具体表现。例如，我们可以根据万有引力定律推算最近的日食、月食发生时间，甚至能够将几千年、几万年以后的发生时间推测出来。同时也正是因为规律揭示的事物之间联系的这种稳定性，规律才会往复出现，表现出重复性。规律具有的这种稳定性使得科学研究和科学预见有了可能性与客观依据。也就是说，无论在什么地方、什么时间,只要具备了一定的客观条件,就必然会表现出某种特定的自然现象和过程,某种合乎规律的现象就必定会出现,哪怕这种现象出现过一次或者几百万次。例如,氯和氢在一定的压力和温度的界限内受到光的作用,就会通过爆炸而化合成氯化氢,只要具备上述条件,这件事情随时随地都会发生。

从发展的方面来看,规律是事物运动变化的必然趋势,是事物本质联系的动态过程。这种发展包含两个要点:

第一,规律是事物运动变化的必然趋势。规律作为事物本质联系的展开和推进过程,它是事物本质联系的时空表达,表现着事物确定不移的、必然如此的发展趋势,反映着世界运动变化、不可抗拒的历史潮流。这种发展趋势和历史潮流作为规律,就是事物运动变化的必然趋势,是事物发展内在的客观必然性。事物运动变化的这种趋势,是不以人的主观意志为转移的。自然、社会和人类发展的总的方向和基本趋势是前进的、上升的,是不断由低级向高级发展的必然进化。

第二,规律是事物本质联系的动态过程。规律作为事物的本质联系、必然联系和稳定联系,它并不是凝固的,也不是一个僵死的和不变的空间结构,而是一种动态的运动变化过程,是事物本质联系的动态展开过程。生物的进化发展就是从单细胞生物到多细胞生物,由植物到动物,由低等动物到高等动物不断地进化、动态发展的过程。任何一个个体的生长发育过程都是一样的,从受精卵开始直到死亡,就是一个基因表达的时空展开过程。规律指的就是事物运动变化的规律,就是事物本质联系的展开过程、推进过程和动态过程。离开运动变化,离开发展过程,规律就无从表现、无所依托,也就不复存在。

二、制胜的内涵

通过查阅文献,发现有的学者在相关的研究中使用"制胜",也有部分学者使用"致胜",这两个词究竟用哪一个更合适、准确,也直接关系到本书研究的科学性和合理性。

根据《现代汉语词典》中的解释,"制胜"是指"取胜;战胜",如"出奇制胜""制胜敌人";《辞源》一书中,"制胜"是指"制服对方以取胜"。然而,在《现代汉语词典》《辞源》中未找到"致胜"一词。所以,可以这样理解,现代汉语中本来没有"致胜"这种说法(但不排除在以后的语言发展中,可能会出现意同"制胜"的意思),有人之所以会这么用,一是因为它跟"制胜"读音相同,容易混淆,二是可能误以为它是"导致胜利"的简缩。其实,"导致"后一般接不好的事情,如"导致分裂""导致失败"(刘卫东,2008)。所以说,针对目前我国竞技体育界对这两个词语的选择,本书采用"制胜"一词。

"制胜",过去多用在兵学范畴之中,意指"制服对方以取胜"。春秋孙武《孙子兵法·虚实篇》的"人皆知我所以胜之形,而莫知吾所以制胜之形";宋代陈亮《酌古论崔浩》的"天下有奇策者,运筹于掌握之间,制胜于千里之外";明代冯梦龙《智囊谱兵智战车》的"用车则人有所依,可施其力,部伍有束,不得而逃。则车可以制胜明矣"。在这些文献中"制胜"一词的使用明确表达了"获胜"的含义,并且强调我方积极主动地去制服对方来达到获胜的目的(申彦昌,2006)。竞技体育的制胜,最终体现在竞技比赛的结果,是在竞赛过程中,在遵守竞赛规则的条件下,通过谋略使运动员的体能、技术、战术和心理得到充分的发挥,同时抑制对手的发挥,从而达到战胜对手的目的。

三、制胜规律含义的重新界定

综上对"规律""制胜"含义的理解并结合竞技体育自身的性质、特点,根据系统论的思想,依据定义规则(定义规则:下定义概念与被定义概念外延——概念所反映的事物的范围必须相等;不应当同语反复;不应当是否定形式;不能采用比喻的形式),进行逻辑推演后,本书认为应该从广义和狭义两个不同的视角对运动项目制胜规律的含义予以重新界定。

广义上,制胜规律是指运动项目的普及、提高和发展与其影响因素之间本质的、必然的、稳定的联系,也就是运动项目的发展规律;狭义上,制胜规律是指运动项目竞技体育比赛的取胜与其影响因素之间本质的、必然的、稳定的联系,也就是运动项目比赛的取胜规律。无论是广义的制胜规律还是狭义的制胜规律,其影响因素,特别是主要的影响因素就是制胜因素。

上述两个不同视角制胜规律含义的界定,既在宏观层次上揭示了运动项目的发展规律,又在微观层次上揭示了运动项目比赛的取胜规律。广义的制胜规律着重于对竞技运动项目自身发展的解释,但不能直接对运动项目的具体比赛制胜进行指导;狭义上的制胜规律着重于研究如何具体实施该项目的竞技、如何在竞技中取胜的问题,它是人们对竞技体育运动项目的理性认识的抽象化。无论是广义的制胜规律还是狭义的制胜规律都能够指导竞技体育的实践,因此,研究项目的制胜规律必须同时注重这两个方面的研究。一个项目要想具有强大的生命力和获得持久的竞争力就必须协调好这两大规律,既要有长远的发展眼光,又要有短期的竞赛目标,只有这样,该项目才会获得真正的可持续性发展,否则只能是昙花一现。

该含义与传统的制胜规律的含义相比,有了更加开阔的研究视野和更加广阔的研究空间。进入 21 世纪以来,随着系统科学和复杂性科学研究的发展,我们有必要借助它们的视角对竞技体育科学研究进行考察,而不是将眼光仅仅局限于一个小的方面,只有这样,我们的体育科研才会更加科学和严谨,才会为我们的竞技体育事业做出更多的贡献。

小　结

概念的准确拟定和规范表达是深入开展相关理论分析与理论探讨的基本前提及逻辑起点,直接关涉理论研究的严密性、系统性与科学性。在本章中,笔者首先从哲学角度出发,将与制胜规律研究相关的质和项目特征、本质和项目本质以及经验等基础概念界定清楚,再以此为基础对传统的制胜规律的概念进行解析,并找出它的不足,为得出较为科学合理的制胜规律的概念打下基础。

本书从广义和狭义两个不同的视角对运动项目制胜规律的含义予以重新界定。广义上,制胜规律是指运动项目的普及、提高和发展与其影响因素之间的本质的、必然的、稳定的联系,也就是运动项目的发展规律;狭义上,制胜规律是指运动项目竞技体育比赛的取胜与其影响因素之间的本质的、必然的、稳定的联系,也就是运动项目比赛的取胜规律。无论是广义的制胜规律还是狭义的制胜规律,其影响因素,特别是主要的影响因素就是制胜因素。

第七章　竞技制胜规律的性质定位

第一节 规律的分类

规律有多种形式,可以依据不同原则加以分类,而依据不同对象领域进行的分类,就是最基本的分类。按照规律的存在领域不同,可以将规律划分为自然规律、社会规律和思维规律。[①]

自然规律是自然界或自然物相互之间及其内部诸要素之间本质的、必然的、稳定的联系,是在自然界各种不自觉的、盲目的动力相互作用中表现出来的,是指不经人为干预的客观事物自身运动、变化和发展的内在必然联系。自然规律具有不以人的意志为转移的客观性,不能被人改变、创造或消灭,但能被利用。它可离开人的实践活动而发生作用,不直接涉及阶级的利益[②],比如,日出日落昼夜交替、春夏秋冬四季轮回的规律。

社会规律实质上是人类的社会实践规律,通过人类的自觉活动,特别是社会实践系统要素之间复杂的相互作用而表现出来。社会规律是指社会事物之间稳定的、必然的和本质的联系,以及社会事物运动、变化和发展的必然趋势,亦是社会诸形态发展的客观必然性和内在的本质的联系,同时也是社会发展的必然方向和推动社会向前发展进步的动力。社会规律是在人的实践活动中体现出来的,或者说是通过人的实践活动来实现的(张翠,2010),比如,生产力决定生产关系、经济基础决定上层建筑的规律。

思维规律是反映思维本质特征,在思维领域普遍起制约作用的规律,是人的主观思维对物质世界的客观规律的反映,它以自然规律和社会规律为基础,在人的头脑中表现为概念、判断和推理之间的相互推移和转化。思维规律是一类特殊形式的客观规律,是主体观念把握客体的基本形式,是人类认识世界的方法和手段(马捷莎,1998),比如,主体在把握客体时,总是循着

---

① 张嘉同,沈小峰.规律新论[M].北京:中共中央党校出版社,1993.
② 同上。

从感性向理性上升的道路。

第二节 制胜规律的性质

竞技体育是体育的重要组成部分,是以体育竞赛为主要特征,以创造优异运动成绩、夺取比赛优胜为主要目标的社会体育活动(田麦久,2000)。竞技作为一种社会现象,是人类社会集团之间的一种交往方式,是随着人们日益丰富的物质文化生活需要而产生的。个人、群体、组织或国家通过与竞技体育相关的共同活动建立和发展多方面关系,是人类特殊的社会实践活动,是人类社会发展的一种运动过程,是客观物质运动的形式之一。制胜规律不是由人的竞技活动产生的,而是人的竞技这一社会活动所固有的。竞技同自然界和社会领域的其他活动一样,是有规律可循的。竞技体育的制胜规律是规律范畴在竞技体育领域的体现,是规律的一种特殊表现形式。

竞技体育是人类社会的一种特殊实践形式和交往方式,如果把运动项目发展的整体作为一种客体,影响其普及、提高和发展等的规律性联系即广义的运动项目发展规律属于社会规律范畴。而运动项目竞技比赛中取胜的过程是思维、决策与行动的统一体,运动项目竞技比赛取胜规律存在于从认识回到实践的过程中,存在于客观物质条件与人的能动活动相互作用的过程中,用来解决主观与客观、需要与可能、目的与手段、主动与被动、求胜与防败等矛盾,因此,思维、决策的过程在比赛取胜的过程中显得尤为重要。由此看来,竞技体育运动项目比赛取胜的规律既有思维规律的属性,又有社会规律的属性,是思维规律与社会规律的统一体。

对项目制胜规律性质的准确定位,能够给我们的具体研究指明方向,使我们的研究更加科学合理。

小　结

　　规律有多种形式,可以依据不同原则加以分类,而依据不同对象领域进行的分类,就是最基本的分类。按照规律的存在领域不同,可以将规律划分为自然规律、社会规律和思维规律。[①] 竞技体育的制胜规律是规律范畴在竞技体育领域的体现,是规律的一种特殊表现形式。广义的运动项目发展规律属于社会规律范畴。竞技体育运动项目比赛的规律既有思维规律的属性,又有社会规律的属性,是思维规律与社会规律的统一体。

---

① 张嘉同,沈小峰.规律新论[M].北京:中共中央党校出版社,1993.

第八章　竞技制胜规律的特点认知

第一节　规律的特点

一、客观性

事物的规律是客观的,它不以人的意志为转移,总是以其铁的必然性起作用。任何事物都有自己的发展规律,规律是客观的,是事物本身所固有的,人们不能创造、改变和消灭规律。现代科学和哲学研究表明:在人类出现以前,自然界的运动过程有其自身固有的规律,没有人力的干扰;人类出现以后,对于像宇宙形成过程这样的自然过程,人的意识可以反映它们、认识它们,但人力是完全不发生作用的。即使对于那些人力可及的自然过程,像筑堤引水、人力灌溉、人工培育改良品种等,也是以承认规律的客观性为前提,即承认水流以及植物和动物的生长、发育、变异等有其自身的规律,这些规律是不以人的意志为转移的。从作为主体的人与对象的关系方面来说,规律是客观的,规律又是可以认识的,人们按照客观规律行事可以达到某种目的。反过来说,人在实践中能够达到一定目的,绝不意味着改变了规律本身、否定了规律的客观性,只是由于认识了客观规律,并在实践中使规律发生作用的结果符合预定的目的。

至于社会历史规律,虽然自始至终都是人类有意识、有愿望、有动机、有目的的活动,但不能否认,社会历史的发展依然有其客观的规律性。

因此,规律的客观性,即 A→B 是独立于意识而存在于世界中的关系。

二、必然性

规律的必然性在横向上表现为事物之间以及事物内部诸要素之间在空间上存在的确定秩序或结构;在纵向上表现为事物运动发展过程即时间上不可逆转的趋势。并不是所有的 A→B 都是规律,A 和 B 之间还必须有这种内在必然性。客观规律不外乎是各种事物和现象之间的这样一种因果联系和这样一种相互关系：一些事物和现象的存在，必然引起另一些事物和现象；事物发展的这一阶段，必然引导到另一阶段（华岗，1982）。举例来讲，短道速滑在冬奥会上取得突破，这意味着我们的速滑项目也会取得突破；我国青年足球队曾在世界青年足球锦标赛中冲进8强，这意味着我们的国家队也会冲进世界杯8强。在这两个例子中，短道速滑与速滑、青年足球与成年足球之间有一定的联系，但这种联系不具有内在必然性，前一个事物和阶段不是下一个事物和阶段的原因，也不是必要条件。因此，这两个陈述都不能称为规律。

三、重复性

规律是事物和现象的本质的、必然的、稳定的、普遍的联系或关系，因此，规律是现象中可重复性的东西，或叫作重复有效性。在相同或相似的条件、环境下，规律就会反复发生作用。但是，从现代科学成果来看，规律的可重复性不仅局限于此，甚至可以说，这种重复性已经不是主要的了。规律的可重复性表现为具有概率稳定性：对于大量事件组成的系统，个体行为的总体结果趋向于某一概率。特别是对于社会事件、人类发展来说，严格意义上的可重复性几乎难以发现，或者说，完全重复再现的概率趋于零。但即使是在异常复杂的变化中，也具有稳定因素，也存在基本关系的可重复性（华岗，1982）。

在竞技体育实践领域，项目的发展需要高水平人才的不断涌现，运动员职业生涯的周期性特点以及新老更替规律使得运动训练的可重复性或可复制性显得尤为重要。而在我国的某些运动项目上，昙花一现的现象却成为一大特征，像朱建华、刘翔、马家军、五朵金花等运动员或运动队为中国的田径、游泳等项目争得了巨大的荣誉，但他们都以独立形式出现，没有形成整体性、连续性的高水平状态，这说明我们对于这些项目的训练理念、方法、手段等认识水平仍然较低，没有真正发现和把握它们的规律，从而没有复制出一个个世界冠军、奥运冠军。

四、普遍性

规律是事件间的关系,但单个事件间的因果关系不是规律,规律必须有普遍性。规律反映了同类事物的共同本质,它是千差万别的事物中的共性和一般,对同类事物具有普遍的作用,例如,遗传变异规律适用于一切生物,价值规律适用于一切商品经济,等等。

在竞技体育领域经常会碰到这类的问题,教练员、科研人员经常会把某运动员个体成功的经验上升为规律,比如,"通过板块训练,刘翔的竞技状态始终保持在一个较高的水平上"这一貌似规律性的陈述,其实不是规律,因为他的成功不代表其他运动员的成功,或者说不具备普遍性。

因此,我们在研究制胜规律时一定要努力寻找那些具有共性特征和普遍指导意义的相互关系和相互作用。

五、历史性

恩格斯说,规律是永恒的,这种规律的永恒性是指只要具备相应的条件,必定发生某种现象或过程。他还指出,规律具有历史性,指的是规律赖以生存的条件具有历史性。马克思也曾明确指出,自然规律是根本不能取消的。在不同历史条件下能够发生变化的,只是这些规律借以实现的形式①。在竞技体育实践中,制胜规律作用的条件也应当具有历史性,如果要达到制胜规律重复作用的结果,就必须使各种条件都满足需要,即符合条件先前的那种历史性。另外,又由于竞技体育的特殊性——运动中的人体处于一个非常复杂而又时刻变化的状态,面对这种状态我们的控制能力非常有限,所以才使得这种历史性更加明显。

---

① 马克思,恩格斯. 马克思恩格斯选集(第4卷)[M].北京:人民出版社,1995.

第二节　竞技制胜规律的特点

制胜规律是规律在竞技体育领域的表现,是规律的一种特殊形式,它具有规律的基本特性,如客观性、普遍性、必然性、历史性、重复性等,除此之外,它还具有一些自身的特点。要想建立起真正科学而有用的制胜规律理论,就必须正视这些特殊性,揭露、研究并且承认这些特殊性,否则就不可能建立起科学而有用的制胜规律理论。

一、概然性

竞技这种人类特殊的社会实践活动的运动规律,与自然界中一般的物质运动规律有所不同,即具有概然性的本质特点。

根据规律所对应的事物的复杂程度不同,可以将其划分为动力学规律和统计学规律。动力学规律又称单值决定论规律,其基本特点是系统的初始状态能够单值地决定系统的后继状态。统计学规律揭示的是事物发展所具有的概率性和潜在的可能性。从系统论的角度看,概率事件本身所满足的因果律,是由确定的和变化的内部联系与外部条件共同决定的。因此,它既可以表现出整体行为的确定性,又可以保证个体行为的随机性,使偶然性和必然性和谐地统一起来。这里需要强调的是,决定概率事件确定内核的是系统内部和外部固有的不变因素,它是概率的客观基础,处于基本地位。对于竞技体育来说,我们研究制胜规律就应该把主要的注意力集中在那些决定概率事件确定内核的因素上,同时概率本身的不确定性是概率之所以存在的前提。就竞技体育系统而言,影响因素就有几百种,是非常复杂的,人们所能把握的仅仅是其中的一部分,故系统的不确定性是客观的。

从现代规律观的角度来看,规律并不表现为严格的因果单值联系,它只表现为大量现实的、不确定的偶然事件中存在的一种基本趋势。现代科学表明:偶然性不是出于人们的无知,偶然性也同必然性一样,具有客观性;偶然性不仅仅来源于外部的干扰,它也可产生于系统的内部;偶然性和必然性不是绝然分离的,它们紧密地结合在一起;偶然性和必然性一起决定了事物的发展,从而展现出事物发展的规律性。统计性和概率是客观世界的本质,统计规律和概率规律是对客观世界本质的反映。① 对此,马克思指出:"一般规律作为一种占统治地位的趋势,始终只是以一种极其错综复杂和近似的方式,作为从不断波动中得出的、但永远不能确定的平均情况来发生作用。"② 列宁也指出:"规律性只能表现为平均的、社会的、普遍的规律性,至于个别偏差则会相互抵消。"③

竞技是一种人类参与其中的"人工系统",是一种有人类的主观目的和人类所支配的手段参与其中的社会实践活动。竞技体育的运动竞赛或比赛具有过程和结果不确定的特征。就竞技作为一种客观的运动过程而言,"不确定性"产生的主要原因是竞技活动总是变化发展的,有较大的流动性,并且伴随有大量偶然事件、随机事件和突发事件的发生;就竞技活动主体的人而言,"不确定性"的产生则主要由于参与竞技的各方在竞技中总要采取保密措施,所以不可能做到完全"知己知彼"和洞察到竞技中的一切细节;竞技结果的"不确定性"产生的主要原因是竞技比赛的结果除了取决于竞技主体自身竞技能力在比赛中的发挥外,还取决于对手竞技能力的发挥和竞赛结果的评定行为,以及比赛中参赛各方运用的不同的战略战术、技术技巧。

另外,参赛各方因自身各方面条件的不同导致比赛中竞技能力的表现亦不同。也正是竞技体育竞赛结果的不确定、不唯一,才吸引了广大的"体育迷"对竞技比赛的狂热追逐。因此,我国不少学者都将竞技体育活动称之为"博弈"。如部分学者有这样的表述,竞技项目的竞争是一种有规则、规范的竞争,我们可以把这类竞争活动统称为"博弈活动";再如李益群等(2000)在《博弈制胜与竞赛中的心理战》一文中写道:博弈制胜,是指在竞赛中运用博弈论的方法,依靠策略去战胜对手、竞争优胜。博弈的目的就是竞争优

① 张嘉同,沈小峰.规律新论[M].北京:中共中央党校出版社,1993.
② 马克思.资本论(第3卷)[M].北京:人民出版社,1965.
③ 列宁.列宁选集(第2卷)[M].北京:人民出版社,1972.

胜。在竞技体育比赛中,即博弈情境下,每个人的得益不仅取决于他自身的行为,而且也取决于其他人的行为。也就是说,个人所采取的最优策略取决于他对其他人所采取的策略的预期。

由此可见,竞技实践较之别的社会现象更难捉摸,更少确定性,我们将这种特点称为"概然性"。所谓的"概然性"指现实社会中具有偶然性的事件发生的可能性是有其规律性的,根据大量的现象是可以估算出事件发生的可能性的大小的,这种可能性就是我们所定义的概然性(尹正达,2007)。

竞技体育这种博弈活动在时空分布上具有"统计概率"的性质,呈现出在时间和空间上分布不均匀的特点。统计概率是统计规律理论的基本概念,它反映着随机过程的本质特征,表征一个随机事件发生的可能性的大小,即该事件在多次重复的过程中出现的频率。如某随机事件在 m 次过程中出现 n 次,则它的概率为 n/m。必然事件发生的概率为 1,不可能事件发生的概率为 0,随机事件发生的概率介于二者之间。统计规律所反映的是大量随机事件在多次重复的过程中的概率分布。因此,竞技体育的胜多败少的原因便可以称之为制胜规律,也就是"大数规律"。制胜规律在作用形式上具有"合力"性质,博弈活动中的每一个体都追求自己的目的,都有预期愿望,但各种意志之间相互冲突,造成行动的预期性和结果的非预期性,融为一个总的平均数。另外,制胜规律在实现过程中具有"趋向"性质,也就是具有取胜的趋势。各种复杂因素的非线性交错作用,使得制胜规律以一种近似和波动的趋向表现出来。

虽然我们承认竞技现象较之别的社会现象更难捉摸,更少确定性,即更带有所谓的"概然性",但竞技并不是完全不可知的,它仍是一种必然运动。竞技的特性使人们在许多场合无法全知彼己,因此产生了不确定性,也产生了错误和失败。然而,不管什么样的情况和行动,知其大略、知其要点是可能的。竞技没有绝对的确定性,但不是没有某种程度的相对的确定性。

也正是因为竞技存在着"概然性"的特点,所以才会在比赛中出现转败为胜、以弱胜强的事件。

二、经验性

制胜规律具有经验性的特点，是一种经验性的规律。经验性规律是经过科学抽象而确定的规律，它直接与经验材料相联系，但不是简单的记录，也不是对经验材料的简单描述，而是通过思维揭示了现象间的本质联系。这就是说：从经验材料到经验性规律，是认识上的飞跃；从经验资料中发现和确立经验性规律，不仅需要一定的概念、理论或观念的帮助，而且需要科学家的创造性的思维活动。经验性规律作为一种认识，同经验认识有本质的区别，区别在于经验性规律是通过科学抽象获得的结果，它已不是简单的经验性知识，而是抓住了事物之间的本质联系。科学规律具有解释、预见和指导的作用，经验性规律也是科学规律，因此同样具有解释、预见和指导功能。

哲学史上有所谓的"唯理论"一派，就是只承认理性的实在性，不承认经验的实在性，这一派的错误在于颠倒了事实。因为理性来源于感性，离开了感性认识，理性的东西就成了无源之水、无本之木。就认识过程的次序来说，感觉经验是第一，一切认识都开始于经验，这就是认识论的唯物论。哲学中经验的概念被理解为人们对亲身观察到的事物的外部现象的描述或记录，经验认识是人们在同客观对象的直接接触（包括借助对认识工具的接触）过程中对客观对象的现象和外部联系的反映。经验性规律是直接从经验材料（观测数据、实验数据等）中抽象、概括出来的规律，它也是一种认识，然而已经不是对客观对象的现象和外部联系的认识，而是对事物之间本质关系的认识，因而直接与经验资料相联系。[1] 例如，物理学中的光的反射定律和折射定律，是基于经验发现的反射（或折射）光线和入射光线的关系而确定的。

科学发展的历史表明，在科学诞生时期，或一门科学形成时期，最先发现和确立的规律常常是经验性规律，体育科学就是一门非常年轻的学科，经

---

① 张嘉同,沈小峰.规律新论[M].北京:中共中央党校出版社,1993.

验性规律也无法避免。相信随着体育科学认识的发展,在经验性规律的基础上,或者直接为了解释经验性规律,会逐步建立起相应的理论,与此同时,发现新的规律,使认识从经验性规律发展到理论规律。

在体育领域,由于影响运动员竞技能力以及运动成绩的因素众多、竞技比赛结果的不确定性和偶然性特征,造成目前对于规律的研究大多停留在经验性规律阶段。比如说,高原训练对改善运动员心肺功能、发展有氧能力具有一定的作用,但经过这么多年的实践操作及理论研究,仍然没有得到令人信服的成果。不同项目、不同运动员,甚至同一名运动员用同样的方法、手段、负荷,第一次能成功,第二次就不一定了。甚至到目前为止,仍然没有教练员敢肯定地说赛前上高原就一定会有效果。再如,核心力量训练受热捧,但到底核心力量与运动成绩之间有没有必然的联系、会不会影响运动员的竞技表现、影响程度多大、练多少才合适等问题仍然没有一个明确的回答和解释。

三、复杂性

不可否认,制胜规律的具体研究是有难度的,这种难度就在于竞技活动本身的"复杂性",对具复杂性的问题、事物、系统的研究只能以复杂性的研究范式来进行。而我们过去对竞技本身的复杂性认识不足,在"科学"理性的僭越影响下,竞技研究很多是从"简单性"的研究范式出发的,过于强调其"真理性",追求揭示竞技系统要素之间的线性因果关系,或竞技与外部其他事物之间的必然关系,而忽视了制胜规律研究的特殊性。

物理世界的实体具有不变的特征,而生物实体却都是以可变性为特征的。由于竞技运动的主体是有自主能力、主观意识、自觉反应能力的人,其行为具有对象性、场景性、随机性等,并且人的行为方式也必然会因受到随机情绪的影响而缺乏恒常性。竞技体育综合实力的提高是一个非常复杂的系统工程,它的复杂性表现在竞技体育的竞争是人与人之间在运动技术、战术素养、体能、心理、意志、装备等多方面的综合较量。另外,竞技并不是活的力量对死的物质的活动,而是两股活的力量之间的冲突,竞技运动的主体总有两个对立方面,所以,竞技绝不是单方面的、单向的、线性的、死板的运动,而是双方面的、双向的、非线性的、非常复杂而灵活的活动,是对立双方物质力量和精神力量不断地相互作用的复杂而多变的过程。

规律有两种不同情况,一种是力学规律,另一种是统计学规律。前者是说具有牛顿力学所代表的那种带有近代决定论特征的规律,即所谓的"铁的规律"——绝对的必然性;后者是说具有相对论和量子力学所代表的那种带有概然性特征的规律,即带有概率的规律——相对的必然性。按照现代科学的观点,力学规律一般是反映简单系统的规律,统计学规律是反映复杂系统的规律。竞技,绝不是简单系统,而是复杂系统。竞技的制胜规律,不同于一般力学规律,更像统计学规律。在这个意义上,讲制胜规律一般不能轻言"必胜",轻言"铁的规律"。那种"强必胜""弱必败"的说法,虽然可以在其他意义上针对某种情况而合理地使用(事实上人们确实是在多种含义下使用的),但需要指出的是,这类说法都不是反映制胜规律的科学语言,不能简单地把它们说成是区别于牛顿力学模式的现代科学意义上的制胜规律。因为这些说法虽然反映了竞技制胜的某些规律性,但忘记了同时有众多的规律在起作用,忘记了各种规律的作用都带有概率特征,因而表述得过于绝对,不符合竞技体育的实际,也不符合现代科学性的要求。

由于竞技是人类一种复杂的、多要素的、多变量的社会实践现象,是比机械的、物理的、化学的、生物的运动形式更加复杂的高级运动形式,涉及经济的、政治的、自然的、心理的、文化的众多领域和规律,其因果之间的联系是多种因素综合作用的结果。竞技制胜存在复杂的规律群,多种规律影响和决定竞技的胜负,表现出复杂的制胜机制,存在于一种既确定又不确定的复杂的充满变数的对抗过程之中。竞技的进程和结局从来都是异常复杂的,具有很大的不确定性,用任何简单的或线性的描述来概括制胜规律,都是不准确的。

小　结

　　规律具有五个基本特点：客观性、必然性、重复性、普遍性、历时性。制胜规律是规律在竞技体育领域的表现，是规律的一种特殊形式，它除了具有规律的基本特点外，它还具有一些自身的特点，如概然性、经验性、复杂性。要想建立起真正科学而有用的制胜规律理论，就必须正视这些特殊性，揭示、研究并且承认这些特殊性，否则，就不可能建立起科学而有用的制胜规律理论。

第九章

竞技制胜规律研究方法的探讨

黑格尔曾说过："方法并不是外在的形式,而是内容的灵魂和概念。"①竞技制胜规律的研究应以辩证唯物主义和历史唯物主义为指导,在深入到竞技体育的客观实际之中,采用科学合理的研究方法进行调查研究。

第一节　竞技制胜规律的整体研究方法

根据制胜规律的性质和特点,制胜规律的研究属于社会科学研究的范畴,社会科学的研究主要有"质的研究"和"量的研究"两种方法,这两种研究方法各有优缺点,在研究中应该做到结合使用、合理搭配。

"质的研究"强调研究者深入社会现象之中,通过亲身体验了解研究对象的思维方式,在收集原始资料的基础之上建立"情境化的""主体间性"的意义解释(陈向明,2000)。质的研究方法一般比较适宜于在微观层面对社会现象进行比较深入细致的描述和分析,便于了解事物的复杂性,注重了解事件发展的动态过程,通过归纳的手段自下而上建立理论,可以对理论有所创新,但是不适合在宏观层面对规模较大的人群或社会机构进行研究,不擅长对事物的因果关系或相对关系进行直接的辨别,研究没有统一的程序,费时费工。

"量的研究"从特定假设出发将社会现象数量化,计算出相关变量之间的关系,由此得出"科学的""客观的"研究结果(陈向明,2000)。量的研究方法适合在宏观层面大面积地对社会现象进行统计调查,可以通过一定的研究工具和手段对研究者事先设定的理论假设进行检验,可以使用实验干预的手段对控制组和实验组进行对比研究,适合对事物的因果关系以及相关变量之间的关系进行研究,但是,只能对事物的一些比较表层的、可以量化的部分进行测量,不能获得具体的细节内容,测量的时间往往只是一个或几个凝固的点,无法追踪事件发生的过程,研究结果只能代表抽样总体中的平

---

① 黑格尔.小逻辑[M].北京:商务印书馆,1981.

均情况,不能兼顾特殊情况,对变量的控制比较大,很难在自然情境下收集资料。

因此,研究制胜规律在整体上应该采用"质的研究"和"量的研究"相结合的方法,并以"质的研究"为主,"量的研究"为辅。

第二节　竞技制胜规律的具体研究方法

以下是常用的几种研究制胜规律的具体方法,需要我们根据研究的具体情况加以灵活运用。

一、文献研究

文献研究是一种通过收集和分析现存的以文字、数字、符号、画面等信息形式出现的文献资料,来探讨与分析各种事物行为、关系和现象的研究方式(杨建军,2006)。

具体运用到研究制胜规律时,可以通过计算机网络技术、光盘数据库、体育期刊、杂志、报纸、体育论文报告会论文集、教材、专著、比赛录像、比赛现场观察等途径来搜集与研究相关的文献资料;再根据研究任务,查阅系统科学、运动训练学、体育管理学、体育社会学、运动竞赛学、体育运动心理学等文献资料。在大量收集文献资料的基础上,根据已有的研究,采用对比、归纳、综合等逻辑学方法对获取的相关材料进行分析和探讨,归纳总结出项目竞技实践中那些规律性的东西。

研究竞技制胜规律,仅仅针对某一场比赛展开是远远不够的,我们必须将该项目在一个时期内的相关资料,包括训练计划、比赛录像、数据统计等集中到一起,在广泛收集现实材料的基础上进行分析研究才能找出其中规律性的内容。

二、调查研究

调查研究是当今社会科学领域最常用的收集研究资料的方法。研究者通过调查获得第一手资料，而后再经过量化处理，以达到认识和分析社会现象、社会行为、社会问题的目的（杨建军，2006）。调查研究方法广泛运用于描述性、说明性或探索性的研究中，具有定量和能从样本推断出总体的特征，主要包括问卷调查和访谈调查。

问卷调查是现代社会研究中最常用的资料收集方法，它是社会调查的支柱。问卷是调查中用来收集资料的主要工具，它的形式是一份精心设计的问题表格，用以测量人们的特征、行为和态度等（杨建军，2006）。在项目制胜规律的研究中，应根据研究的目的和内容，遵循体育科研方法中关于问卷的要求设计问卷调查表，并发放给项目的专家、学者，对要研究的主要内容进行确定，这样研究才更加合理、科学。访谈调查是一种面对面的口头交流，与日常生活中的谈话意义不同。社会科学调查中的访谈法，是研究者运用有目的、有计划、有方向的口头访问方式向被调查者了解社会事实和个体对社会事实的态度的方法（杨建军，2006）。

在制胜规律的研究中，应该针对研究的目的及各个项目的状况等相关内容，走访各个项目的专家学者、国家级教练员、运动训练学专家，请他们谈谈关于项目制胜规律的认识，获取翔实的资料，以指导研究。

三、实验研究

实验研究起源于自然科学。实验研究是一种经过精心设计并在高度控制条件下，通过操纵某些因素，研究变量之间因果关系的方法。实验的基本目标是确定两个变量之间是否具有因果关系。实验研究方法是社会科学中最接近自然科学研究的一种方法。

实验研究的方法在体育科学研究中也是一种常用的方法，体育科学中一些非常重要的理论和原理的揭示，都是实验研究方法在体育科学研究中正确运用的结果。实验研究法主要有动物实验和人体实验两种基本方式。

经典的竞技体育基础理论和训练的原则之一的"超量恢复"原理就是运用实验研究规律的典型佐证。该学说认为,机体在负荷的刺激下,其能量储备、物质代谢以及神经调节系统的机能水平会下降(疲劳)。在消除负荷后,这些机能能力不仅可以恢复到负荷前的初始水平,而且能够在短期内超过初始水平,达到"超量恢复"的效果。如果在"超量恢复"阶段适时给予新的负荷刺激,"负荷—疲劳—恢复—超量恢复"的过程则可以不断地在更高的水平层次上周而复始地进行,由此使机体的能力得到持续的提高(王瑞元,2002)。

该学说较为典型的研究成果来自瑞典的伯格斯通和胡尔特曼对极限负荷后肌糖原变化进行测试的经典实验设计(陈小平,2004)。他们让两名普通成年人在特定负荷(1200kpm/min)下单腿骑功率车(一人用右腿骑车,左腿休息,另一人相反)直至极限疲劳(运动中止),之后对受试者股四头肌在训练后1~3天的变化进行活检。他们发现,极限运动后肌糖原含量迅速下降以至接近枯竭,训练停止后的第1天肌糖原开始快速恢复并达到未训练腿的水平,第2天和第3天肌糖原储备继续增加且明显超过初始水平,肌糖原出现显著的"超量恢复"现象。

四、系统分析

系统分析法是把研究对象放在系统的形式中加以考察,即以系统的观点,注重从整体与部分(或要素)之间,整体与外部环境的相互制约和相互作用的联系中综合地、精确地考察对象,进而达到最优化地分析和处理问题的目的。在项目制胜规律的研究中,系统分析法应该是比较主要的研究方法,也是最容易忽略的研究方法。系统分析法可以使我们的研究更加严谨、科学。

在研究制胜规律时,我们首先应该分清楚"什么是广义的制胜规律""什么是狭义的制胜规律""广义的制胜规律的基本构成要素是什么""狭义的制胜规律的基本要素是什么",然后再运用系统分析的方法将各个要素放在系统中加以综合考察,最后将各个构成要素与要素之间的本质联系、要素与系统之间的本质联系梳理清楚。例如,在研究广义的制胜规律时,仅仅从项目本身出发的孤立研究是远远不够的,也是不科学的。因为从运动项目发展与其他社会系统的关系来看,运动项目的发展与政治、经济、文化等因素密不可分,它们之间存在相互影响、相互制约的规律,如运动项目发展与文化发展相互促进、相互影响的规律等等。

五、数量研究

数量研究法是指通过对研究对象的规模、速度、范围、程度等数量关系的分析研究,认识和揭示事物间的相互关系、变化规律和发展趋势,借以达到对事物的正确解释和预测的一种研究方法。

竞技体育这种特殊的实践活动,具有概率统计的特点,因此,在研究项目制胜规律的过程中,数量研究法是必不可少的。我们应该对竞技实践活动的各个环节进行数量研究,得出数量关系,并对得到的数量关系进行纵向和横向的对比,这样可以使我们清楚地认识到竞技体育实践中哪些是多次重复出现的东西,哪些是竞技体育的"大数规律",也就是制胜规律,特别是针对优秀运动员个案进行的数量研究对项目制胜规律的研究具有重要的意义。

曾有研究对费德勒及其对手在 2009 年美国网球公开赛中各项技术指标进行了统计分析(见表 9.1)。从表中统计的数据可以看出:费德勒的ACE 球平均每场有 12.33 个,而对手只有 4.67 个,经检验有显著性差异($P<0.05$);在一发获胜率上费德勒高达 79.83%,比对手的 66.67% 高出13.16%,经检验有显著性差异($P<0.05$);在二发获胜率方面,费德勒为60.67%,比对手的 47.67% 高出 13.00%,经检验有显著性差异($P<0.05$)。而在一发成功率、双误、发球最快速度、一发平均速度和二发平均速度方面与对手没有显著性差异($P>0.05$)。这说明费德勒的发球优势不在速度上,而是在利用发球的落点与角度结合旋转的变化上,并利用发球形成的优势,通过底线技术来保持和转换这种优势,形成最后得分。这就是为什么费德勒在 ACE 球、一发获胜率和二发获胜率等技术指标上高于其对手的原因,也是费德勒获胜的重要武器。

表 9.1   2009 年美国网球公开赛费德勒及其对手技术指标统计分析

技术指标	费德勒	对手	相差	P（双尾检验）	
一发成功率	62.00%±4.94%	60.17%±8.75%	1.83%	0.893	>0.05
ACE 球	12.33±8.24	4.67±2.34	7.66	0.022	<0.05
双误	2.50±1.38	4.67±2.34	−2.17	0.393	>0.05
一发获胜率	79.83%±6.21%	66.67%±5.99%	13.16%	0.035	<0.05
二发获胜率	60.67%±7.37%	47.67%±7.71%	13.00%	0.028	<0.05
发球最快速度	130.33±1.03	126.17±4.17	4.16	0.384	>0.05
一发均速	116.83±1.33	113.67±4.23	3.16	0.096	>0.05
二发均速	93.17±2.32	90.33±5.16	2.84	0.081	>0.05
主动得分	45.86±12.42	31.43±13.01	14.43	0.016	<0.05
非受迫性失误	34.71±18.40	39.43±10.50	−4.72	0.435	>0.05
上网成功率	72.71%±8.36%	57.86%±10.67%	15.11%	0.081	>0.05
破发率	44.57%±17.92%	24.43%±23.17%	20.14%	0.050	<0.05
接发球获胜率	39.71%±6.18%	28.57%±5.65%	11.14%	0.028	<0.05
总得分	124.50±25.84	104.50±38.91	20.00	0.014	<0.05

特别是我国的一些潜优势的项目，我们在研究项目的制胜规律时应该注意对该项目发展程度好的国家和优秀运动员展开针对性研究，找出其中规律性的东西并借鉴到我们的实践中来。

六、经验总结

经验总结法是通过对实践活动中的具体情况进行归纳与分析，使之系统化、理论化，上升为经验性认识的一种方法。总结推广先进经验是人类历史上长期运用的较为行之有效的方法之一。项目制胜规律的研究，应该重视实践中一些经验丰富的教练员的认识，将他们的这种认识收集整理，并进行分析总结，也是制胜规律研究中必不可少的方法。

在竞技体育的实践中，经验可以说贯穿运动员的选材、训练、比赛的全过程,并发挥着很重要的作用。虽然在某些时候我们并不了解其背后的科学依据,但是它所起的作用毋庸置疑,因此我们在研究制胜规律时应该重视这些在竞技体育实践中形成的宝贵经验,并对这些经验展开研究,进行系统的总结,得出规律性的认识。教练员队伍中存在重视直接经验、轻视理论与间接经验的状况,这严重限制了对训练领域深层次问题的探索。某些资深教练员和科研人员的知识成果,也多是自己的一些局部的具体经验。由于大量感性的具体经验不能上升成为理论,所以没有普遍的指导意义。有些教练员在带出一个冠军之后,就再也带不出第二个,这表明了具体经验没能上升为理论的悲哀,也说明了在实践中对经验进行总结的必要性。

例如,高原训练对改善运动员心肺功能、发展有氧能力具有一定的作用,但经过这么多年的实践操作及理论研究,仍然没有形成令人信服的成果和量化的标准。不同的项目与不同的运动员在高原训练期运用什么样的训练方法、训练的负荷是多少、训练的强度是多大、如何调整、高原训练持续时间多久等等,在现实训练实践的操作中几乎都依靠教练员团队的主观经验。经过高原训练,有些项目会取得理想的训练成绩,训练效果显著,但是也有一些项目成绩停滞甚至下降。再比如,在进行运动员选材的过程中,有相当多的教练员是依靠自己多年操作积累的经验来进行的,所选出的运动员尽管没有经过各种生理生化指标的测试,但其可以取得优异的运动成绩。这些经验性的操作虽然表面上看来没有(或许我们现在还没能认识到)严格的科学基础,但是能取得良好的效果。这都要求我们在研究竞技体育制胜规律时应该注重对实践中经验的研究和总结,挖掘与发现经验背后的那些深层次的东西,使其上升为科学的理论。

七、案例研究

案例研究是社会科学研究中广泛使用的一种研究方法,迄今为止,这种研究方法已经得到社会学、人类学、教育学、政治学以及公共管理等学科研究者的认可并且被运用到特定问题的研究之中。案例研究是社会科学以及其他科学研究中的一种独立的研究方法,是定性研究的一个重要组成部分,这种研究方法综合运用多种收集数据和资料的技术与手段,通过对特定社会单元(个人、团体组织、社区等)中发生的重要事件或行为的背景、过程的深入挖掘和细致描述,呈现事物的真实面貌与丰富背景,从而在此基础上进行分析、解释、判断、评价或者预测。

案例研究法在现代中国具有深远的影响。毛泽东在谈到调查研究的方法时,曾经形象地将案例研究法称为"解剖麻雀",即通过对一个单一个体进行深入、全面的研究,来取得对一般性状况或普遍经验的认识。案例研究法同样可以运用到竞技体育的研究中来,对于竞技体育制胜规律的研究来说,一个长盛不衰的项目、一个竞技体育发达的地区、一名优秀运动员的成长过程、一场经典的比赛都应该成为我们研究的对象,在对其进行细致分析的基础上挖掘出隐藏在这背后的规律,并将其在实践中予以推广。

小　结

竞技制胜规律的研究应以辩证唯物主义和历史唯物主义为指导,再深入竞技体育的客观实际之中,采用科学合理的研究方法进行调查研究。根据制胜规律的性质和特点,制胜规律的研究属于社会科学研究的范畴,社会科学的研究主要有"质的研究"和"量的研究"两种方法,这两种研究方法各有优缺点,在研究中应该做到结合使用、合理搭配。此外,竞技制胜规律具体的研究包括文献研究、调查研究、实验研究、系统分析、数量研究、经验总结、案例研究等常用的几种具体方法,需要我们根据研究的具体情况加以灵活运用。

第十章 竞技制胜因素的分析

　　规律即本质的关系，这种关系就是原因与结果之间本质的、必然的联系，例如，"天下大事，分久必合，合久必分"这一说法是用来描述现象的，说明为什么存在这一现象以及导致这一现象的原因跟这一现象的关系才是规律。因此，规律指的就是导致某一结果的原因跟这一结果之间如何联系、怎样联系的问题。结果是现象，研究规律应该从这些结果的背后去寻找原因。

　　竞技体育实践中的"胜败"是现象，失败和成功的原因才是规律。研究制胜规律就要研究怎样制胜，去挖掘隐藏在制胜背后的原因。影响竞技体育结果的因素有许多种，包括主要因素和非主要因素。那些起主要作用的核心要素才是我们研究的重点。只有找出竞技体育实践过程中核心要素起作用的方式，并且整合好这些核心要素之间的关系，竞技体育的结果才会好，才能制胜。所以，研究制胜规律先要根据要素与制胜结果的关系找出哪些是核心要素，然后对这些核心要素进行分析，在分析的过程中提炼出制胜规律。

第一节　广义制胜因素分析

　　竞技体育作为一个具有严密结构的有机、有序整体，一个有连续性的确定系统，有以下两方面的作用：一方面，在这个具有严密结构的确定性系统中，组成竞技整体的各个要素、部分或环节都是其赖以存在的基础，特别是一些核心的要素对竞技的整体结果具有一定程度的决定作用，其中任何一个组成部分的缺少或损失，都会使其结果受到影响；另一方面，任何一个组成部分又只有在这个有机的统一整体之中才能体现出自身的价值和作用，如果脱离了这个整体，该组成部分也就失去了它原有的价值和作用。

　　在实际的研究过程中我们不可能考虑到所有的影响因素，为了研究的方便，我们用系统方法从要素与要素、要素与系统、系统与环境之间的相互联系和相互作用中，全面地分析在竞技这个复杂的系统中究竟是哪一种或几种要素的变化对于竞技整体变化来说是起着"最重要作用和决定意义"的核心要素,并对这些核心要素展开针对性的研究。

从现代竞技运动的发展趋势来看,对于一个项目的发展来说,科学的后备人才培养体系、科学的训练体系、科学的竞赛体系、科学的管理体系以及强力的科研医疗保障都已成为制约现代项目健康发展的核心要素。每一个要素的实践操作过程如果处理不好,该项目的发展必然会受到影响。只有科学地处理好每个过程,并且整合好各个过程之间的关系,该项目才能得到良好的发展,才会"制胜"。

一、后备人才的培养

人是社会的中心和主体,社会的发展归根结底是人的发展。目前,世界竞技体育的竞争在很大程度上取决于本国对后备人才的培养,竞技体育的竞争虽然包含着科学、经济、政治、文化等方面的竞争,但都需要通过运动员来体现,因此,竞技体育后备人才的培养具有重要的作用和举足轻重的战略意义。

运动员后备人才的培养是竞技体育发展最重要的基础,是竞技实践过程中不可或缺的一环,也是一个国家(地区)运动训练科学化水平高低的风向标,更是整个竞技体育事业兴衰的晴雨表。如果忽视了竞技体育后备人才的培养,那么我们的竞技体育就将成为无源之水、无本之木。对于任何一个竞技运动项目而言,无论是国家还是省市选拔运动员,都必须有一个科学的方式或方法,更需要有一个选择有潜力可挖的年轻运动员的标准和准则,并建立一个坚实的后备人才培养体系,这是保持项目长久制胜最重要的策略之一。国家体育总局原局长袁伟民曾在全国体委主任会议上讲,后备人才的培养是竞技体育发展的战略问题,只有重视后备人才的梯队建设,我国竞技体育的发展才有后劲,一个项目要保持水平不断提高,必须遵循项目自身的发展规律和人才成长规律,若忽视后备人才的培养,最终必将导致人才的断档(宋丽华和魏军,2008)。

(一)选材机制

后备人才的培养以运动员的选材为起点,包括运动员的选拔和培养,是选、育结合的动态过程,因此,我们在研究项目制胜规律时应该注重研究该项目运动员选材的规律。

运动员选材是挑选具有良好运动天赋及竞技潜力的儿童少年或后备力量参加运动训练的起始性工作,是通过用科学的方法直接或间接地将应选者的天才因素测定出来,根据测试结果分析预测出他们未来的运动能力以及进行系统培养,并且不断地监测其发展的一个过程(邓运龙,2001)。选材时,应注意考虑各个运动项目的特点,力求使用科学的测试和预测方法,努力提高选材的成功率。竞技体育竞争日益激烈的发展趋势和成才率相对低下的客观事实,使得人们越来越重视运动员的选材工作。选材成功率的高低将直接影响竞技体育投入与产出的效益。提高选材的成功率,可使国家、集体和个人的有限投入发挥出最大的效益。正如邢文华教授强调的,选材是一种概率事件,假设在没有选材的情况下,训练 1000 个运动员能出一个冠军,那么在选材的配合下,只需训练其中的 100 个运动员就可以出一个冠军,这无疑是节省了人力物力,提高了成才率(孙民治,2001)。因此,有人用"选材是运动训练成功的一半"来强调选材在竞技体育中的重要性实不为过(郑晓鸿和吴铁桥,2003)。重视科学选材,将那些具有良好天赋和潜质的苗子选出来进行科学训练,将会大大提高运动训练的成功率,使后备人才的培养达到事半功倍的效果。因而如何提高各个项目不同阶段运动员科学选材的成才率已成为当今竞技体育发展的重要课题。

对于运动项目选材来说,我们应该以奥林匹克竞赛为中心目标,在正确认识项目性质的前提下,在参考项目优秀运动员模型的基础上,将共性与个性相结合,从少年儿童开始,运用科学的测试和预测方法并结合我国实践,在最大的范围内将适合从事该项目的运动员进行逐级选拔。在具体到某个项目的研究时,我们就需要具体、深入地研究每个项目的本质和特征是什么,该项目对运动员形态、机能、生理与生化、素质、心理等方面的要求是什么,具体的指标有哪些,如何对这些方面进行测试和预测,每一级别测试的标准是什么,如何处理运动员的共性和个性,这些都是需要我们解决的问题。

例如,在篮球运动历史的演进过程中一直向着队伍高大化发展,但同时"准、快、灵、悍、智"等因素也在与时俱进,忽略任何一个方面都会造成在整体篮球竞技能力中的短板效应,从而使篮球综合水平无法进一步提高。我国在篮球选材中曾经的"唯高论"是导致这些年来中国男篮缺少优秀后卫的主要原因之一,也是影响全队成绩的主要因素。选材理念的落后和片面使教练员错过了一批优秀的具有发展潜力的运动员;基层教练员水平不足和对选材理论认识学习的落后也使得选材工作效果不佳;训练的任务和目的的偏失又令一些本可成才的运动员过早"夭折";原来三级训练、选材体系的逐渐淡出而新体系又未成熟造成高一层运动队快到了"无才可选"的地步。不同层级选材出现的这些问题导致国家队、国家青年队人才匮乏、后备力量不足,而失去优秀篮球运动员这些新鲜血液的补充就失去了让篮球运动快速发展、完善的基础,离开基础再谈在世界大赛中取胜只能是"空中楼阁",给人留下的也只能是虚无缥缈的幻象而已(刘卫东,2008)。由此可见,科学的选材机制对于一个项目的发展起着非常重要的作用。

(二)培养模式

我国竞技体育传统的后备人才培养模式是"金字塔型"的,其比例是塔基宽,塔身大,塔尖小,正是基于这一模式才使得我国的竞技体育顺利走过了从无到有、从弱到强的半个多世纪,书写了一个又一个令世界为之惊叹的辉煌。但是不能否认的是,这种竞技体育后备人才的培养模式是建立在一种高投入、低产出、高淘汰率的基础上的,是以牺牲成千上万的青少年的前途、学业为代价的。有研究表明,我国竞技体育队伍每年投入 4000 多名运动员才能产出一名世界冠军。随着学校体育课程改革推进,结合以学生主体、以提高学习兴趣选择体育项目为指导思想的学校体育教育和独生子女的基本国情,传统的竞技体育后备人才培养的"金字塔型"基础结构模式已不适应现代社会的发展。

竞技体育的每个运动项目都应该根据我国的国情并结合项目自身的特点,改革传统的竞技体育后备人才培养结构模式,构建科学合理的后备人才培养模式。体育主管部门必须顺应竞技体育后备人才现状,及时调整竞技体育人才培养结构,改变采用单一的竞技体育人才的培养结构模式,根据不同项目发展规律、人才资源和经济条件等状况,选择不同的竞技体育人才培养结构模式。如:具有广泛基础的足球、篮球、乒乓球等体育项目可以采用"俱乐部型"的人才培养模式;田径、游泳、体操、跳水等体育项目可以采用"大厦型"人才培养结构模式;冰壶、空中技巧等冰雪项目可以采用"倒金字塔型"的人才培养模式。在人才资源减量化的基础上,切实推进竞技体育后备人才培养方式由粗放型向集约型转变,提高竞技体育后备人才培养的成才率,只有这样才能制胜,才能真正实现该项目的可持续发展。

例如我国的冰壶项目:从 1995 年,在世界冰壶联合会的大力帮助下,由日本出人、加拿大出技术,在我国举办了第一届冰壶培训班;到 2000 年,我国第一支冰壶队在哈尔滨市成立;2003 年,第一支国字号队伍诞生,并于同年加入世界冰壶联合会,自此,世界冰壶赛场才有了中国运动员的身影。2006 年,中国女队获得世锦赛第五名的好成绩。两年后,在加拿大弗农举办的 2008 年世锦赛上,中国冰壶姑娘曾两度击败冰壶"梦之队"——加拿大队,获得亚军;在 2009 年世界女子冰壶锦标赛决赛上,中国队以 8∶6 战胜瑞典队夺得冠军,这也是中国队第一次获得冰壶项目世界冠军,她们创造了历史。中国男队在美国北达科他州举行的男子世锦赛上夺得第四名,同样创造了历史最佳战绩。可以说,中国冰壶人用短短的六年时间走完了其他国家需要十几年甚至几十年才能走完的路。这些辉煌成绩的取得与冰壶项目这种特殊的"倒金字塔型"后备人才培养模式是分不开的。

(三)运行机制

每一组织活动的开展都要有良好的运行机制才能获得应有的效果,对于后备人才培养来说也不例外。在后备人才的培养过程中,每一级具体的培养目标和培养任务,运动员的数量,培养运动员所要达到的规格,初级、中级、高级这三线的合理比例以及后备人才基地的建设等都是我们研究的着眼点。

各级各类体育学校是我国培养高水平体育后备人才的重要阵地,其兴衰将直接关系到我国竞技体育的未来发展。截至 2006 年的数据显示:我国初级水平的各级各类少儿体校有 2679 所,在校学生 306869 人;中级水平的体育运动学校有 231 所,在校学生 87176 人;高级水平的各省区市优秀运动队运动员 18627 人,在编的国家队队员 3300 多人。也就是说,中国高水平的竞技体育人才都是从这 40 多万学生、运动员中培养出来的。目前,全国有 211 所体育学校被命名为国家高水平体育后备人才基地,其中,奥运会金牌学校 76 所、奥运会银牌学校 28 所、奥运会铜牌学校 13 所,世锦赛(世界杯赛)金牌学校 59 所,亚运会金牌学校 19 所。值得注意的是,截至 2006 年,新疆、西藏、青海三省区仍没有一所国家高水平体育后备人才基地学校,因此,基地的发展存在地区不平衡现象。

运动员培养是一个长期的过程,在科学选材的基础上,要将各类比赛与初级、中级、高级运动选材(拔)层层衔接,既注重数量,又注重质量,既考虑比赛名次,又根据平时成绩、测评等调查统计情况来挑选进入高层次队的成员,举国上下形成体制健全、上下衔接的一条龙体制。另外,还要做到对运动员的全面培养和发展,让运动员既能"走进来"还能"走出去",只有这样才会有更多的少年儿童愿意从事竞技体育这个艰苦的事业。

例如,我国的传统优势项目——乒乓球的三级训练网的人才培养模式,经过长期实践证明,是符合乒乓球训练项目特点的。该项目是一个对抗性项目,每名运动员水平的提高,除自身努力之外,还取决于训练中对手的状况,因此要在日常个人训练的基础上进行相对集中的训练是乒乓球竞技所要求的。中国乒协紧紧抓住国家一队完成奥运争光计划的突击队作用,在打法风格、训练重点、训练原则的实施上使它产生对各级运动队的导向作用;以国家二队为枢纽,起到输送人才和调动地方积极性的作用;对各地方的运动队直接给予技术支持;另外,充分发挥竞赛杠杆对基层运动队训练的导向作用。正是有了这些切实可行的措施,才使后备人才源源不断,才有了今天中国乒乓球运动的长盛不衰和可持续发展。

我国对运动员培养的研究始于 20 世纪 70 年代中期,经过 40 多年的研究历程,虽然已取得了较大的进展和突破,尤其是乒乓球等优势项目已形成了较为完善的培养体系,并开创了一些符合我国国情的培养模式,积累了丰富的实践经验,但是,在竞技体育的实践中,一些项目的后备人才培养体系仍然存在着这样或者那样的问题。我国的足球项目"无人踢球",或者说"没人愿意踢球",正成为中国足球所面临的最大难题。

纵观我国竞技体育的发展史会发现,我国一些运动项目始终保持着强劲的发展势头,始终走在世界的前列,但是也有一些项目曾经名噪一时,而现在却一落千丈,这背后的原因不仅仅是换一两个教练员就能解决的问题,归根到底其实是后备人才培养体系出现了问题,运动员的新老接替出现断层,试想在全国范围内能上场比赛的队员寥寥无几的情况下如何跟对手竞争?

现阶段我们的竞技体育事业已进入转型期,后备人才培养的激励机制也应该做出相应的调整:第一,注意后备人才综合素质的培养与提高。第二,丰富激励手段,注重培养主体的实际需要。只有满足培养主体的实际需要才能充分激发其积极性和创造力。由于生产力水平的提高,社会物质财富和精神财富快速增长,可用于激励的社会资源,从量和形式来说,都较计划经济时期充足。第三,由注重精神激励向注重物质激励转变。这是转型期激励机制在手段上最明显的变化,对培养集体和个体主要采用物质激励或能间接带来物质需求满足的精神激励,如奖金、实物、升学、签约为职业运动员等。第四,国家作为激励的责任与实施主体职能分化。一方面,宏观上,由于社会转型,国家对社会资源的所有权与分配权向下分化,体育系统内,国家体育总局的权限向项目中心及地方、部门分权;另一方面,由于体育社会化、产业化改革,竞技后备人才培养形式呈现出多样化发展态势,各种类型的培养集体拥有一定的权限,所以,国家不再是对人才培养集体和个体进行激励的唯一责任与实施主体,其他社会组织、系统、个人也自愿或半自愿地成为对培养主体进行激励的管理主体。

科学的后备人才培养体系应该是我国运动项目实现以奥运会为最高层次的竞技发展战略和建设竞技体育强国的一项很重要的系统工程,必须大力加强这方面的科学研究工作。2008年北京奥运会的成功举办及中国体育代表团取得的历史性突破使我国成为当之无愧的体育大国。当今世界处在信息时代,包括训练方法及手段在内的信息已无秘密可言,我国运动训练的水平和训练的条件与国外相差无几,竞技体育的比拼中训练手段的因素影响有所下降,越来越多的是运动员天赋的比较,这要求我们在今后的工作中要更加重视运动员选材的科学性,尽量选出天赋高的运动员并纳入科学的培养体系之中,从而提高训练的针对性,只有这样才能够真正实现项目的长久制胜。

二、训练

运动训练是为提高运动员的竞技能力和运动成绩,在教练员的指导下,专门组织的有计划的体育活动。运动训练既是竞技体育的重要组成部分,也是实现竞技运动目标的最重要途径(田麦久,2000)。随着竞技体育的迅速发展,运动成绩和竞技出现了极值化(李少丹,2007),运动训练的科学化越来越受到重视。先进的训练理念、科学的训练方法和手段越来越多地介入运动训练的过程中,在一定程度上进一步挖掘出人体的运动潜力,提高竞技能力水平。

(一)训练理念

训练理念是训练者在亲身体验的基础上,对竞技体育和运动训练活动的内在本质、规律和价值及价值实现途径的理性认识的集中体现,是为完成训练目的、任务所确立的直接指导实践的思想和持有的基本的态度和观念(程冬美等,2008)。训练理念决定着教练员对训练实践本质规律的认识与判断,决定着教练员的训练行为,决定着教练员对训练内容、方法、手段的选择与运用,决定着训练的效果。

特别是青少年运动员的训练,因其训练效果决定了其成年后的竞技能力,青少年运动员在先进和落后的训练理念指导下进行训练,最后形成的竞技能力的差异是非常明显的,同时,在落后训练理念指导下成长的青少年运动员,成年后的比赛理念也必然是一种落后的理念,这些运动员退役后执教,又会沿袭这些落后的训练理念去指导下一代运动员,在这种理念指导下进行训练的运动员的竞技水平不可能得到提高,这样的运动员永远也不可能战胜那些在先进训练理念指导下成长的运动员。中国个别项目与世界强国水平差距的加大便是落后的训练理念与先进的训练理念抗衡的一种必然结果。因此,确立正确的、科学的运动训练理念,是提高我国竞技运动水平的基本前提和根本保证。

训练理念是进行训练实践的指南,没有正确、先进的训练理念,其训练实践便是一种低级、落后的重复活动。在人类竞技体育的发展过程中,特别是在我国落后的竞技项目中,无数事例反复论证着这样一个命题:竞技成绩的落后必然伴有训练理念的落后。例如,皮划艇项目曾经是我国奥运项目中的弱势项目,在 1996 年亚特兰大奥运会取得第四名之后便出现了停滞和滑坡,以至于在 1998 年曼谷亚运会中仅获得 3 块金牌,并无缘 2000 年悉尼奥运会。造成这一局面的原因是,皮划艇项目专项训练科学化体系的建设导致盲目实践、经验训练。对皮划艇运动项目本质和特征的认识主要是依据其比赛距离和时间,根据其能量代谢的特点来考虑,认为皮划艇运动是以无氧糖酵解为主导供能的运动项目,故在训练中过分重视无氧训练,冲强度的间歇训练比例安排过大,而对长距离有氧耐力训练重视不足,忽视了有氧能力训练(刘爱杰等,2002)。由于长期以来我国皮划艇训练实践界存在的这种认识的片面性,导致训练不足和不到位,也造成了运动员的训练过度和训练损伤,因此成绩一度停滞不前。

随后,国家体育总局 119 工程启动,为我国皮划艇运动的快速发展提供了空前的机遇。经过九运会调研以及组建国家队后的学术研究和探索,我们重新认识了皮划艇项目的本质和特征:皮划艇项目是以有氧供能为基础的速度型、力量型、耐力型项目;确定了有氧训练的重要地位——有氧训练居于基础和核心地位;转变了以无氧训练和多人艇训练为主导的训练指导思想。从观念上改变了过去采用低强度、长时间、长距离的单一方法来提高运动员的有氧训练水平,重新认识有氧训练的丰富内涵;坚持以有氧耐力训练为核心,坚持以发展个体能力为主体,坚持以每桨效果为重点;在长划中注重划桨周期中的拉桨力量和拉桨速度;在一次有氧训练限定的距离或时间段内,利用丰富的手段和严格控制间歇时间来提高有氧训练强度。另外,外教的介入也丰富了有氧训练方法的认识,确立了"以短促长"的有氧训练理念,建立起以无氧训练方法为手段的有氧训练方法体系。正是基于这种训练理念,加上全队自觉全面地贯彻"三从一大"训练原则(从难、从严、从实战出发,进行大运动量训练)和"两严"训练方针(严格训练和严格管理),经过两年的艰苦奋斗,雅典奥运会上中国皮划艇获得 9 项资格,参加了 11 个小项的比赛,有 6 个项目进入决赛 A,位列所有参赛国中的第四位。更可喜的是,在 2004 年 8 月 28 日,孟关良、杨文军在男子 500 米双人划艇决赛中夺得了金牌,并且在 2008 年北京奥运会中再次登上冠军领奖台。皮划艇项目所完成的历史性突破是有目共睹的,它带给大家的喜悦也是不言而喻的,并且对于其他运动项目的突破也具有重要的启示意义。

同皮划艇项目一样,如果想要取得项目的突破,我们必须深入研究项目的本质和特征,剔除训练理念中的落后成分,更新和完善现有训练理念,构建科学的训练体系,这才是我们的制胜之路,也只有这样才能更广泛地挖掘运动员的潜力,才能在竞技比赛中立于不败之地。

(二)训练内容

训练是竞技状态形成的重要阶段,运动员最佳竞技状态的形成依赖于训练内容的科学性及实施的效果。随着现代竞技体育的高速发展、竞技比赛次数的增多,运动训练的科学化进程也在加快,这些都要求运动训练内容的制定更加科学化、个性化。

运动训练是运动员在教练员的指导下,提高或保持专项竞技水平的社会行为。运动训练的主要内容由一般身体训练和专项训练组成。

一般身体训练是指在运动训练过程中运用各种身体练习有效地影响运动员身体形态的变化,增进运动员身体素质,提高有机体机能和发展运动素质的训练。一般身体训练是运动训练中最重要的组成部分之一,其目的是发展运动员的力量、速度、耐力、柔韧及灵敏等运动素质。一般身体训练主要是协调发展各种身体素质和有机体各系统、各器官的功能,为专项训练奠定基础。而专项训练主要是发展和加强与专项有密切关系、能直接促进和提高专项成绩的竞技能力。

　　一般身体训练和专项训练既有区别，又有联系。两者的主要区别在于训练的目的、手段与方法以及负荷形式；两者的主要联系在于一般身体训练是专项训练的基础，一般身体训练为专项训练的提高创造了必要的条件。专项训练的水平越高，对一般身体训练水平的要求也就越高。一般身体训练在一定程度上决定了专项运动成绩。一般身体训练水平高的运动员，能承受较大的训练负荷，能较好、较快地掌握和完善专项技术，减少伤病，延长运动寿命。如果只进行专项训练，那么机体各系统的机能将得不到加强，故那些对专项直接起作用的系统也不可能得到很大的提高。因此，在训练中要合理地安排一般身体训练和专项训练。

　　例如，我国的男子举重项目在相当长的时期内强调一般身体练习的作用，而对"提高成绩主要靠专项训练"的认识，是通过反复实践获得的。1958年以前，我国国家集训队一般每周训练 4～5 次。每次训练以专项为主，一般身体练习只在训练课的前后进行，时间较短，一般在 20～60 分钟。当时一些主要运动员专项成绩提高很快，陈镜开、黄强辉、赵庆奎的总成绩均进入世界前三名。1959 年下半年，由于对举重运动以无氧代谢为主的性质认识不清，再加上大环境的影响，导致普遍认为我国举重运动员一般身体素质跟不上，需要补课。冬训进行 4 个月的一般身体训练，专项训练与一般身体练习每周 3 次。一般身体练习有 20m、40m、100m、800m、1500m、3000m 跑，跳高，跳远，足球，篮球，体操垫上运动，器械体操等。训练量很大，一次训练课可达 3 小时。训练结果，一般身体素质明显提高。以黄强辉为例，100m跑由 13 秒 1 提高到 12 秒 2，跳远由 5.04m 提高到 5.49m，1500m 由原来的跑不下来到能用 6 分 31 秒跑完全程。但大多数人的专项成绩却出现了大幅度下降，少则下降 5 公斤，多则下降 20 公斤，甚至出现一部分人受伤的情况。赵庆奎、陈镜开、陈满林等因伤或其他原因没有参加这种一般身体练习，后来却取得了很好的专项成绩。20 世纪 60 年代以后，国家举重集训队吸取了以往的教训，基本上少安排或不安排一般身体练习，集中于专项训练，效果是满意的，但在这一时期，我国举重界对专项训练和一般身体练习的关系以及它们的作用和意义并未彻底认识。20 世纪 70 年代，我国举重项目重新恢复以专项为主的训练,但湖北、广东、江苏等省仍保持着较多的一般身体训练,直到20世纪80年代,高水平运动员的一般身体训练才逐渐取消或占很小比重,认识上基本趋于统一,训练内容才进一步趋向专项化,我国男子举重项目也慢慢走向了世界巅峰(马文才,1995)。

训练内容是否科学合理是影响竞技运动水平的一个重要因素。高水平运动员为了提高专项成绩,训练内容应紧紧围绕专项,但一般身体训练或专项辅助性训练安排不当也会影响专项成绩的提高。目前,我国竞技体育界已经认识到了这一基本问题,但并没有付诸实践。因此,笔者认为有必要在训练内容方面进行较为深入的研究。

(三)训练负荷

训练负荷贯穿运动训练过程的始终,训练负荷本身的一切特征都包含在运动训练过程的形态、结构与功能之中。运动员机体对训练负荷产生适应性变化,机能增强,竞技能力得到提高。训练负荷由负荷量和强度组成,前者反映着负荷对机体刺激的数量特征,后者反映着负荷对机体刺激的深度。量和强度两者既相互依存又相互制约,是对立统一的。训练负荷是运动训练过程中最为活跃的因素。任何负荷的量都以一定的强度为条件而存在;同时,任何负荷强度也都以一定的量为其存在的必要基础。一个方面的变化必然会导致另一个方面的相应变化。任何一方的变化均会对另一方产生影响,其核心是以一定负荷量为基础逐渐向质过渡,没有一定负荷量的积累就没有最终质的提高。在运动训练全过程中,从每一次训练课到全年训练、多年训练,安排适宜的训练负荷、科学地控制负荷的动态变化是教练员最重要的工作之一。

运动训练可以比拟为一种刺激(反应过程)。通过施加负荷,使机体受到刺激,而机体则以适应的形式、对策对刺激作出反应。没有负荷就没有训练,运动训练负荷是促使运动员竞技能力改变、巩固与提高的主要因素。但若负荷持续偏小,机体对负荷刺激的反应只能维持在较低水平,竞技能力难以进一步提高;若负荷过大,造成运动员不能完成训练与比赛任务,则会延误竞技能力的正常发展;若负荷持续过大,形成过度疲劳,出现伤病,将会影响运动员的系统训练与比赛。如何合理安排负荷量和强度是长期困扰教练员的一个关键问题。

许多教练员和运动员在训练中盲目地追求训练次数、延长时间和大运动量,而对负荷强度的要求却不高,使运动员长期处于被动训练的状态,训练效益很低。在运动训练过程中,要根据不同专项、运动员、时期交替安排不同程度的训练负荷,使负荷量和负荷强度的变化序列、训练与恢复的协同组合在动态平衡中进行(龙斌,2002)。例如,我国马拉松项目负荷结构的分级训练,进行 80%～90% 较大运动量的低强度耐力训练是为了达到以下目的:促使心脏伴有心壁增厚的离心性肥大;相关呼吸肌力增强;运动肌中慢肌纤维参与比例提高;慢肌纤维选择性肥大;慢肌纤维中的线粒体数量增多等。进行大强度训练课的目的是通过改善肌肉末梢组织的状况,提高运动员肌肉的最大有氧代谢水平以及代谢消除乳酸的能力,并让运动员适应比赛时的内环境的变化(即耐乳酸能力),最终使运动员的专项比赛能力得到提高。反观刘翔的训练,一个非常明显的特点就是全年保持高强度,任何一个练习,每一堂课都是高强度的。跟传统的从冬训开始一点点增加强度,到最后比赛时达到最高峰的大周期、大运动量的做法截然不同。刘翔的训练基本上是从冬训第一天开始,每一个手段、每一堂训练课都是保持一种持续高强度的训练。所以孙海平教练说,刘翔只要 3～5 天时间就能经过调整,迅速适应高强度的国际比赛,因为他始终在这个强度上训练。[1]

在竞技运动训练中,训练负荷扮演着极其重要的角色,它直接关系到训练效果和运动水平的优劣,是贯穿运动员整个运动生涯的最核心和最关键的因素。从运动员现有水平和个体特点出发,在科学认识项目本质的基础上,制定并实施最有效的训练负荷,是实现项目突破的关键。

(四)训练方法

运动训练方法是在运动训练活动中,提高竞技运动水平、完成训练任务

---

[1] 刘翔现象与训练理念的转变[N/OL].中国体育报,2006-09-12[2014-03-17].http://sports.sina.com.cn/s/2006-09-12/1037972758s.shtml.

的途径和办法。运动训练方法在教练员的"训"和运动员的"练"的过程中得到应用,是教练员和运动员在双边活动中共同完成训练任务的方法。运动训练方法是对运动训练过程中各种训练方式和办法的概括,是对各种具体训练方法的集中表述(田麦久,2000)。

现代竞技运动发展历史表明,运动训练方法的不断创新和科学运用对提升竞技运动整体发展水平的作用是巨大的。一种科学训练方法的诞生既是科学训练原理的具体体现,也是科学训练实践的高度总结。正确地认识和掌握不同训练方法的功能和特点,有助于顺利地完成运动训练过程不同时期的训练任务,有助于有效地控制各种竞技能力的发展进程,有助于科学地提高不同项目运动员的整体竞技能力。从某种意义上说,竞技运动史可以看作运动训练方法的发明、创造及运用的历史。训练方法在竞技运动中所起的直接作用早已为人们所认识。有观点认为,每诞生1个冠军,必定有1种新的训练方法(周明,1994)。运动技术水平提高的直接原因是训练方法的发展进步,运动训练方法的革新与发展是提高运动技术水平的关键因素之一。

训练方法在实际训练中都是具体的,即都是针对某个运动员的某种竞技能力构成因素状态变化而确定的。因此,运动训练方法是多种多样的。例如,发展有氧耐力的训练方法:第一,匀速连续跑。跑的负荷要尽可能地多,运动时间要在1h以上。心率控制在150次/min左右。第二,越野跑。跑的速度可以适当变化,心率控制在150~170次/min,运动时间为1.5~2h。第三,变速跑。负荷强度由低到高,心率控制在130~150次/min、170~180次/min,练习持续时间在半小时以上。第四,间歇跑。训练负荷较小,训练中每一次练习的持续时间不长。负荷强度较大时,心率控制在170~180次/min。在身体尚未完全复原的情况下进行下一次练习,心率控制在120~140次/min。第五,法特莱克速度游戏。在野外、丘陵、山坡、平原等地形条件下,由训练者自己控制距离不等的快跑、慢跑、匀速跑、加速跑交替进行的连续练习。第六,高原训练等(张英波,2005)。

另外,还要根据项目的特点创造实用的训练方法。众所周知,乒乓球多球训练是一种行之有效的训练方法。多球训练采用不同的旋转、力量、速度、落点、弧线及其不同技术组合等手段,通过连续不断的供球方法弥补单球训练中来回少、间隙多等弱点,提高了练习效率,有利于掌握和强化各种高难度的动作。多球训练这种连续不断的供球方法可以有效地加大训练的密度和强度,不仅加强了对技战术、专项身体素质的练习和提高,还在锻炼运动员的意志品质方面起到了一定的效果。多球训练作为乒乓球训练的一个重要方法,在更大程度地提高运动员的技战术水平上起到了巨大的作用,在促进我国乒乓球运动的发展方面发挥着重要的作用。

使用训练方法是为了挖掘、提升运动员的竞技能力。运动员的竞技能力是由多种因素构成的,不可能创造出一种适用于所有运动员竞技能力发展的方法。同样,现代竞技体育的快速发展,也要求我们广大体育工作者在实践中要发挥创新意识,不断地创造出新的训练手段,这对于项目的持续发展具有重大的实践意义。

(五)训练手段

运动训练手段是指在运动训练过程中,以提高某一竞技运动能力、完成某一具体的训练任务所采用的身体练习,是具体的有目的的身体活动方式,是运动训练方法的具体体现。在运动训练活动中,教练员、运动员通过采用具体的训练手段去完成具体的训练任务、提高竞技能力水平。运动训练手段的不断创新和科学运用对提升竞技运动发展水平的作用同样是巨大的。不同的训练手段具有不同的功效,科学地认识和应用不同训练手段的功效与特点,有助于科学地完成运动训练过程不同时期的具体训练任务,有助于科学地提高不同运动项目运动员的各类竞技能力。

在训练中,用于对运动员实施直接作用的是各种工具手段。这些工具手段可以是自然物质或物质性的人工创造物,如各种训练器械;还可以是人自身的物质器官,这是运动训练最主要的手段;也可以是精神手段,如用语言、文字以及图像表达的各种信息。训练方法中所采用的工具手段统称为训练手段。徐本力(1990)认为训练手段是"组成各种不同训练法的基本单位和内容"。任何训练方法都不是空的,都是通过一定的手段来实现的。运动训练中,不管是采用语言还是采用身体练习,都会对运动员产生直接作用。但是训练手段的利用能否使运动员竞技能力状态发生预期变化并不完全取决于手段本身,还取决于训练手段是否符合规律的操作程序。操作程序来自对训练手段的性质、数量及其关系的设置。例如,发展最大力量的最常用手段是负重抗阻练习,实际上包含两种手段,一种是人体外部提供阻力的物质手段,另一种是抵抗外部阻力的身体练习。训练手段操作程序就是由不同手段的各种量的设置构成的。在负重练习中,对物质手段的重量设置就构成通常所讲的负荷强度,对重量的设置并非随心所欲,而要以对神经肌肉活动规律的认识为依据。发展最大力量的重量通常设置为运动员本人最大负重量的三分之二,重量太大容易产生肌肉损伤,重量太小则肌肉工作性质发生变化,造成手段与目的不符。

实践中用于发展运动员某一竞技能力的训练手段有很多,需要我们用科学的方法对其进行筛选处理,找出提高运动员能力的最优手段或者组合,并将其应用在实践中,努力实现运动训练的合理化和科学化。

三、竞赛

竞赛是体育的重要组成部分,是一项运动发展的轴心和杠杆,是指在裁判员的主持下,按统一规则要求,组织与实施运动员个体或运动队之间的竞技较量,是竞技体育与社会发生关系并作用于社会的媒介(田麦久,2000)。运动员经过运动训练后所获得的竞技能力,只有在运动竞赛这一特定环境下通过运动成绩表现出来才有价值,才能体现出竞技体育的社会功能,得到社会的承认,满足社会成员的需要。运动员在竞赛中将最大限度地动员机体的潜力,并承受着最大强度的运动负荷。处于高强度动员状态的运动员的竞技能力能够得到更好的锻炼、更集中的发挥,而且往往会通过一次次比赛,逐步提高到新的水平。因此,研究制胜规律,我们不能忽略项目竞赛体系安排的规律。一个项目每年在国内外有多少场比赛、各种比赛的规则是什么、采取什么样的赛制和竞赛方法等问题都需要我们做出具体的研究。

（一）竞赛种类和形式

现代运动竞赛是人类的一种实践活动，它不仅内容十分丰富，竞赛的形式也是多种多样，比较常见的形式有以下几种：

第一，运动会。运动会是若干项目在同一时期内进行比赛，如奥运会、亚运会、全运会、城市运动会、大学生运动会、省运会等等。其特点是项目多、规模大、组织工作复杂，大多是几年举办一次。

第二，单项比赛。主要指单独进行一个运动项目的比赛。为了增强竞争的激烈性，单项比赛往往采用锦标赛或杯赛的形式，使之成为该项目水平最高的竞赛，如世界杯足球赛、世界羽毛球锦标赛、世界田径锦标赛等等。由于这种比赛形式能有效地促进单项运动水平的提高，对于运动员和观众有较大的吸引力，故有时由企业赞助并以奖杯来做广告宣传。

第三，对抗赛。两个以上的单位联合组织，并协商按同等条件参加的竞赛。其目的在于检验运动技术水平、交流经验、增进友谊。

第四，友谊赛。为互相观摩学习、促进友谊和团结而举办的非正式比赛，如排球友谊赛等。采用不定期的形式。

第五，邀请赛。一个单位主办，邀请其他单位参加的竞赛。举办者为增进友谊和团结而举办的比赛，以达到观摩技术、交流经验、共同提高的目的。

第六，通讯赛。分散在几个地方进行，用通讯的方式把成绩寄给主办单位以评定优胜的竞赛，如少年田径通讯赛等。参赛的项目多是按照时间、距离、重量等客观评定成绩，最后主办单位将成绩汇总后排列名次。

第七，表演赛。为举办庆祝或纪念活动而组织的宣传性比赛，如球类表演赛等。对宣传和普及某项运动有一定的意义。

第八，选拔赛。为选拔优秀运动员或组成代表队而组织的比赛。通常是为参加更高水平的竞赛而举办的。

第九，测试赛或达标赛。为检查教学、训练效果而组织的比赛。以达到某项标准或测定成绩为主，一般不计名次。

第十，等级赛或联赛。按训练水平或等级分级别定期举行的比赛。其目的是检查训练成绩，排列一个时期的等级名次，如篮球联赛等。

除以上竞赛外,还有类似锦标赛和杯赛的冠军赛,如欧洲足球冠军杯赛,以及根据性别、年龄分组别进行的竞赛等。

我们应该根据每个项目的特点合理安排其竞赛体系。如果项目赛事次数过少则不利于运动员训练水平转化为竞赛能力,赛事联系松散则不利于调动运动员持久的训练兴趣,赛事立体性不强则易缺乏对多年训练的远程导向作用,赛事间隔时间长则不利于专项水平的保持和提高。特别是我们的冬季项目,国内每年的比赛很少,仅靠参加奥运会和全运会是远远不够的,我们还应该有所选择地参加一些国际大赛。在保证运动员训练时间的前提下,既可以通过竞赛培养运动员的参赛能力,又可以调动运动员训练的积极性,还可以选拔年轻选手进入更高一级的训练体系。例如我国的冰壶项目,国家体育总局冬季运动管理中心冰球部主管冰壶项目的原副主任李东岩认为,我国的冰壶项目是依靠举国体制的保障,走了一条多出国训练、多与高水平队伍打比赛的发展"捷径"。[①]

(二)竞赛规则

竞赛规则是为了避免运动竞赛中人为因素和客观因素的影响,使所有参赛运动员在条件均等的情况下进行公平竞赛,对竞赛中所采用的技术、器械和行为等做出一定的限制和规定。竞赛规则是比赛得以顺利进行的重要保证和基本依据,规则规定的技术规范和行为准则表现在动作的内容、数量、规格与人体运动形式和运动能力的联系上,它既反映出某项运动技术所采用的技术、战术的合理性与技术水平,同时也引导和促进了该项目技术的向前发展。竞赛规则作为参与者必须遵守的赛场法则,在项目运动发展中扮演着重要的角色。

竞赛活动的出现,必然会导致竞赛规则的产生。而竞赛规则也经历着一个在发展中变化、在变化中发展的过程。随着竞赛活动的普及、提高和发展,在竞赛活动中,参赛各方的利益冲突日益增加,技术规范和社会行为准

---

① 梁学增.冰壶溢激情 溜动走世界[N/OL].黑龙江日报评论,2010-02-21[2014-07-06].https://heilongjiang.dbw.cn/system/2010/02/21/052364595.shtml.

则上的矛盾亦逐渐突出,竞赛过程中"特殊情况"时有发生,也就使得竞赛规则必须做出相应的修改和补充,特别是像乒乓球、跆拳道等项目竞赛规则一直在频繁地修改。与之对应的,各个项目在实践中必须做出相应的调整以应对竞赛规则的改动。

此处以乒乓球项目规则在近 10 年内做出的调整为例。2000 年 10 月 1 日后,乒乓球比赛用球的直径改为 40 mm 的大球。2001 年 9 月 1 日起,国际乒联又将一局 21 分制改为现行的 11 分制,单打 5 局 3 胜改为 7 局 4 胜。2002 年 9 月 1 日开始施行"无遮挡"发球的新规则,对发球规则的关键点的解释和修改也是几经变动,由最初的"三角形"到"四边形"再改回到"三角形",由"不执拍手"改成现在的"不执拍手臂"。2005 年 4 月 30 日至 5 月 6 日举行的第 48 届上海世乒赛单项比赛实施最新规则:第一,每个会员协会报名男女选手均不得超过 5 人(往届是 7 人),但世界排名前十位的选手不占此名额,最多可加至 7 人;第二,编排不再照顾同一协会的选手分在不同半区,而是根据世界排名顺序自然进入,这样的结果往往是同一协会的选手可能提前在半区内"自相残杀"。

除此之外,还有自 2004 年雅典奥运会起,各届奥运会双打比赛的新规定:从 2004 年雅典奥运会起,来自同一国家和地区的双打选手在比赛中只能处于同一半区;从 2006 年 9 月 1 日起,含挥发性有机胶水的黏合剂不得在比赛场地使用;从 2007 年 9 月 1 日起,含挥发性有机胶水的黏合剂不得再使用;2008 年北京奥运会乒乓球比赛使用团体比赛的赛制取代原双打的单项比赛,并将双打比赛放在团体赛第三场进行。面对新规则的修改,我国的乒乓球军团见招拆招,始终保持着世界乒坛的霸主地位。

另外,在对竞赛规则深入研究的基础上,我们完全可以通过对规则的合理利用而取胜。例如,速滑项目对运动员到达终点线的规则规定,比赛成绩结束测量是以冰刀尖触及切断终点切光线(电子计时)的时间为准。有关研究表明,冲刺时向前踢伸刀动作可使冰刀比身体提前 1 个冰刀的距离(约 0.4m)到达终点,可减少 0.02s 的比赛时间。在速滑大赛中,利用向前踢出冰刀夺得比赛胜利的运动员屡见不鲜。

在实践中,每一个项目的体育科研工作者都应该着力梳理本项目竞赛规则发展变化的阶段,理清各阶段的主要特征,只有这样才能把握规则发展变化的脉搏,适应竞赛规则的修改与变化,合理利用规则,为制定训练计划、更好地完成比赛任务、提高我国竞技体育的整体水平服务。

(三)赛制

赛制是比赛的组织形式、竞赛方法、编制形式,是竞技体育比赛自身所具有的一种特质。公平公正是体育比赛最根本的原则。赛制对于规范竞技体育比赛、提高比赛质量而言,有着重要作用。赛制保证赛事能够顺利、有序地实施。赛制对于比赛起到了一定的组织和规范作用,使各参赛队能在一个有序合理的制度下进行比赛。因此,赛制提升了比赛本身的公平性与公正性。

另外,赛制对提高比赛的竞技水平起到了积极的推动作用。赛制直接影响着比赛的场次和对阵形式,而比赛的场次与对阵形式无疑对竞技水平的提高有着重要的作用和意义。因此,赛制与比赛本身的紧密关系是毋庸置疑的,科学合理的赛制是大型赛事顺利实施的重要保障。

例如,2008 年的男排世锦赛采用新的赛制:首先,参赛的 24 支球队被分成 6 组,每组 4 队,第一阶段小组赛后淘汰每组最后一名,前三名晋级;然后,在第二阶段,晋级的 18 支球队按照一定的分组规则被分成 6 组,每组 3 队,第二阶段小组赛后淘汰每组最后一名,前两名晋级;随后,晋级的 12 支队伍进行第三阶段的较量,还是按照一定的分组规则被分成 4 组,每组 3 队,循环赛后每小组第一名晋级前四,每组第二名进入第五至八名,每组第三名进入第九至十二名;最后,进行半决赛和涉及排位的决赛。当然,赛事组委会的初衷是减少冷门事件发生的频率,更加细化的分组可以保证在每一阶段的比赛之后,特别是前两阶段的比赛之后,实力较弱的球队会被早早淘汰出局,增加随后比赛的精彩程度。而实力较强的队伍比赛机会多,即便在某场比赛出现失手,也有机会挽救。但是由于分组早已确定,这就为一些队伍选择对手提供了可乘之机,比如故意输给保加利亚的巴西队和故意输给西班牙的俄罗斯队。不仅如此,冗长的赛事也让很多队伍倍感疲惫,对各队队员的体力要求很高。特别是对于亚洲球队而言,这样漫长的比赛,在体能上就已经输给了欧美对手。

反观我们国内联赛,伴随着我国体育职业化改革而诞生的各种联赛创办至今,赛制可谓是朝令夕改,但是取得的效果却不尽如人意。竞技体育比赛有自身的规律,我国竞技体育有自身的特色,各个运动项目也有各自的特点。赛制只是联赛的一种手段,真正的目的应当是更合理地提升运动员和国家队的竞技水平,更有利于选拔、培养一批较高水平青年选手,不断为国家队培养输送优秀人才。

一个项目如果想要真正实现训练与比赛的有机结合,保证训练的实效性和竞赛的杠杆作用,就必须探索出符合项目特点的赛制。

完善的竞赛体系,是促进我国竞技运动项目水平提高的基本保障之一。一个国家某个项目竞赛体系如何,将直接决定该国在这一项目上的发展水平。因此,每个项目都应该根据自身的特点,科学合理地安排本项目的竞赛体系,真正实现竞赛的杠杆作用。

四、管理

无论是后备人才的培养、运动训练还是运动竞赛,都必须在专门的管理体制组织下才能实施并得到理想的效果。因而,竞技体育管理也应是竞技体育的一个重要组成部分(田麦久,2000)。当今世界面临着一个经营与管理的时代,决定命运的是管理,只有管理工作搞好了才能有效地指导体育实践,推动体育的改革,促进体育事业的发展。因此,要推动我国竞技运动向前发展,就必须提高目前的管理水平。竞技体育管理贯穿于竞技体育实践的始终,竞技体育实践中出现的很多问题归根结底是管理的问题,研究运动项目的制胜规律不能忽略管理方面的研究。

根据竞技体育的实践,我们应该将重点放在运动项目管理、运动员管理、外教的引进以及运动员的文化教育四个方面。

(一)运动项目的管理

运动项目的管理是指通过制定运动项目发展政策和规划,为竞技体育的发展提供政策支持,使国家竞技体育事业得到发展,以取得本国国民的支持。研究项目管理的规律就是要求我们找到适合项目健康发展的管理模式。例如我国的女子冰壶项目,中国女子冰壶队成立于 2003 年,虽然成立时间短,但我国的冰壶姑娘们在短短六七年间就跻身世界强队行列,走出了一条令人称奇的成功捷径。众所周知,在欧美国家,冰壶是一项普及程度很高的运动项目,尤其是在像加拿大、瑞典、瑞士这样的"冰雪王国",国民参与冰壶运动的广泛性超过了我国的乒乓球、羽毛球。而在我国,目前正规的冰壶馆可能还不到 10 家,从欧美引进这项运动的时间也不到 10 年,很多人对冰壶运动知之甚少,尤其在南方地区,甚至有人对冰壶运动一点都不了解。现在我国冰壶运动员不足 200 人,甚至比大熊猫的数量还少,只能在狭小的范围内挑选队员参赛。我国冰壶运动之所以进步如此神速就是依靠国家举国体制的强有力保障。

自 20 世纪 90 年代中期,国家体委为落实中央政府机构改革方案,推进单项协会实体化改革,成立运动项目管理中心以来,从多年的运行实践上看,项目中心的设立和运作促进了运动项目管理由原先的粗放型向集约型的转变,推动了各个运动项目的社会化和产业化进程,同时也培育了各运动项目的体育市场。针对此项改革,国家体育总局《2001—2010 年体育改革与发展纲要》提出,在进一步完善我国运动项目管理体制和运行机制的基础上,逐步建立具有中国特色的协会制,使协会逐步成为自主决策、自主管理、自我约束、自负盈亏的社团法人,各地要根据本地区实际,分期分批进行协会实体化改革(钟秉枢等,2002)。

职业化是现代运动项目管理的基本形式之一,已呈现出势不可挡的趋势。竞技运动的职业化由来已久,它是体育发展到一定阶段所形成的一种高级形式,也是市场经济发展的必然产物。随着社会生产力的进一步发展,社会需求和市场规模不断扩大,许多项目的职业化进程也大大加快。竞技体育的职业化使得体育成了谋生的手段,运动员在训练中的主体意识觉醒,训练的主动性和内驱力增强,同时教练员的积极性也得到了充分的调动。竞技体育的职业化可以吸收民间投资,从而减少国家投入,并且还可以带动一大批相关产业的发展;竞技体育的职业化还可以促进运动人才流动,扩大后备力量队伍,从整体上促进运动项目的发展。近年来,体育职业化一直是国内外学者讨论的热门话题之一。虽然人们对此众说纷纭、观点各异,但其也在异中求同、在实践中日臻完善,共同推动着体育职业化向着更加科学、系统、规范的方向迅速发展。在我国,足球界在 1988 年开始职业化探索。1992 年,第一个职业足球俱乐部在大连应运而生。随后,篮球、排球、乒乓球、网球、羽毛球等多个项目的职业化进程相继推进。

通过各方面的努力,我国项目的职业化发展进程取得了一定的成绩,但是也存在着很多严重的问题,造成个别项目成绩一直停滞不前,甚至一落再落,不能给全国人民交一个满意的答卷,这些都是值得我们好好反思的地方。

在我国竞技体育的体制下,什么样的项目管理方式才是科学合理的,究竟哪些项目适合走职业化的道路,哪些项目适合在举国体育的管理模式下生存,这些都是需要揭示的项目管理规律,都需要我们体育工作者做出更进一步的探索和研究。

(二)运动员的管理

在现代管理学的管理对象中,最重要的管理对象是人。运动员的管理主要是教练员对运动员在整个训练、比赛过程中的具体的管理,如思想管理、生活管理、文化学习管理等。对于运动员来讲,进行科学管理的目的就是充分调动运动员的积极性、主动性和创造性,将运动员培养成具有竞争实力的个体。

1. 思想管理

"不经一番寒彻骨,怎得梅花扑鼻香",世界冠军是从艰难中走出来的,冠军的鲜花来自苦寒,运动员是整个竞技体育实践过程中最重要的因素,长期艰苦的训练是运动员取得优异运动成绩的根本途径和前提。运动员从入队那刻起,就受到来自上级领导、家庭、公众三方面的队外压力和影响,以及来自教练员和运动队队友同伴两方面的队内压力和影响。另外,随着社会经济的发展,社会上充斥着各种诱惑,加上长期训练的艰苦性和枯燥性,对我们的运动员形成了严峻的考验。面对各种诱惑,一些运动员思想发生动摇,成绩下滑,过早地结束运动生涯,既浪费了国家资源,也不利于运动员自身的成长。

思想管理所产生的力量是不可估量的,思想教育在任何时候都不应忽视。从竞技体育发展方向来看,正确、扎实、细致的思想管理工作是提高运动成绩的前提和保障,一个队伍形成的战斗作风与它平时的管理有着密切的关系。严格的队伍管理和思想教育,能促使运动成绩更快、更好地提高。另外,随着现代竞技体育的发展,各国在训练、科研等方面的差距越来越小,竞技场上的选手往往呈现出焦灼的状态,这个时候运动员的思想坚定与否,对运动员的成绩就会起着关键的作用。因此,每一个项目都应该根据本项目的特点,积极地探索适合本项目运动员思想管理的途径和方法,为项目竞技水平的提升打下坚实的思想基础。

2. 生活管理

实践证明:"两严"方针(严格训练、严格管理)和"三从一大"原则(从难、从严、从实战出发,进行科学的大运动量训练)是中国竞技体育多年训练探索出的经验概括和理论升华,是指导我国竞技体育从失利走向胜利的法宝。全面、自觉、积极、主动地贯彻"两严"方针和"三从一大"原则是我国优势项目成功的保证,是其与落后项目在训练过程中的本质区别和分水岭,同时也是运动员管理的基本规律(曹景伟等,2005)。

例如,我国皮划艇项目之所以能够在短期内实现巨大的突破,除了进行了科学的训练外,一个非常重要的原因就是对运动员实施了严格、合理的管理。国家皮划艇队自2001年12月重新组队以来,在项目中心领导的支持下,作为治队理念和组织措施,始终提倡自觉、全面贯彻"两严"和"三从一大"的训练主旋律,与一切违反"两严"和"三从一大"的人和事、一切打着科学外衣的假"两严"和"三从一大"进行坚决斗争。针对皮划艇项目普遍存在的运动员生活松散、纪律意识淡漠现象,国家队通过每天集体观看《新闻联播》培养运动员的集体意识和观念,制定了一系列严格的训练、生活管理制度,先后处理了一大批违反纪律的优秀运动员。如奥运会冠军杨文军因违反训练纪律,先后4次被开除出国家队,江西省体育局出于不埋没人才的想法对其做了大量的教育工作,使杨文军的认知水平不断得到改造和提高,逐渐保证他能高质量完成大运动量的训练。这为他能力的不断提高和日后冲击奥运冠军打下了扎实基础(曹景伟等,2005)。另外,根据我国跆拳道项目短期发展的历史可以得出结论:成功来之不易,成功有章可循。凡是长期反复出现的现象,都不是偶然。系统探索、总结提炼是实现跆拳道项目不断进步的基础。概括起来,就是在管理上"育好人",训练上"练好活"(陈立人和袁守龙,2007)。

3. 文化学习管理

当代竞技体育的竞争已成为科技、技能、体力、智力等方面的全面竞争,但归根结底还是人才的竞争。现代科技的高速发展使得竞技体育对科技教育的依赖越来越强,运动员的文化素质将影响竞技水平的提高。我们必须从战略发展的高度重视和加强运动员的文化教育工作。运动员队伍的建设是影响我国实现竞技体育强国战略目标极为关键的一环,运动员自身综合素质直接影响着运动员队伍的建设质量和发展后劲。抓好运动员的文化教育,提高运动员文化素质,不仅关系着竞技体育的持续发展,也与运动员全面发展、形成全社会对竞技体育强力支持的良性循环有着直接的关系。优秀运动员是一种特殊人才,优秀运动队伍是一个特殊群体。他们既肩负着攀登世界竞技高峰的艰巨任务,又必须克服体能的巨大消耗所带来的困难,刻苦学习文化知识,成为社会所需要的全面发展的人才。正是竞技人才培养过程中存在"双重任务"的特点,使得优秀运动员的文化教育问题,不仅是我国,也是世界范围内竞技体育发展中的一个常见而又十分棘手的问题。

新中国在成立初期即十分注重优秀运动员的文化教育工作,制定并出台了一系列相关政策法规与措施,在优秀运动员文化教育方面积累了一定经验,取得了可喜成绩。然而,由于受历史条件、管理体制、社会环境、思想观念等因素的影响,优秀运动员文化教育问题尚未取得质的突破,运动员文化水平依然不尽如人意。尤其是随着我国竞技体育总体实力的迅速提高并在第 29 届北京奥运会上取得历史性突破成绩以来,我国竞技体育运动水平与难以适应社会要求的优秀运动员文化素质之间形成了巨大反差。同时,竞技体育水平的进一步提高及其可持续发展也将因此受到制约,并在社会上产生负面影响。国家体育总局的一项统计显示,我国 30 万名退役运动员中,近 80% 的人正不同程度地面临失业、伤病、贫困等生存问题的困扰。① 相当一部分运动员由于缺乏必要的科学文化知识和谋生的技能,在退役择业时面临尴尬的境地,从前些年的全国举重冠军在澡堂当搓澡工到时下的国家女足运动员到街头摆地摊,这些事实无不暴露出我国运动员培养过程中所存在的问题。竞技体育竞争的残酷性决定了成功运动员毕竟是少数,多数运动员能"走进来"但是无法"走出去",这也将直接影响广大青少年投身竞技体育的热情。

相比之下,美国在观念上首先把运动员看作是学校的学生,然后才是学校的运动员。虽然美国各大学把竞技体育作为学校教育的一项重要内容,把训练和竞赛成绩看作是学校教育质量和办学水平的重要标志,但对于优秀运动员来说,搞好学习并完成学业是自己的分内之事,与国家和社会并无直接关系。在这样的体育体制和教育环境下,优秀运动员文化学习的自觉性较高,为了按期毕业,还必须利用一切时间努力学习,可以说在学习方面,运动员与普通学生一样,基本没有特殊政策。著名的美国斯坦福大学运动员文化教育工作是一个非常成功的范例,该大学有 800 名学生运动员,参加悉尼奥运会的就达 45 人之多,但几乎不存在学生运动员完不成学业的现象。斯坦福大学要求学生运动员把学习放在第一位,完不成学习任务就不能参加训练和比赛。在学习和训练、比赛的关系方面,负责课程教学的教授具有绝对的权力,即使是主教练也无权否定教授的决定。在这样严谨的教育环境下,斯坦福培养出了像汤姆逊这样的奥运冠军,而汤姆逊本人也获得了斯坦福大学的医学专业学位。

现阶段我国运动员文化教育应该根据我国竞技体育体制的特点,结合

① 叶建平.应把竞技体育交给市场[N/OL].经济参考报,2007-04-23[2014-02-10].http://www.jjckb.cn/bjjs/2007-04/23/content_46785.htm.

各个项目的特色,建立和健全运动员文化教育制约机制和激励机制,加大资金投入力度、改善办学条件,努力解决学训矛盾,真正落实运动员的文化教育,促进运动员的全面发展。

(三)教练员的管理

中国有句老话"名师出高徒"。在竞技体育的实践中,教练员是运动员的选拔者和训练者,是训练过程、战术方案的设计者和控制者,是训练计划的制定者和实施者,也是运动员思想和生活的管理者,是竞技体育环链结构中关键的一环。教练员集计划、组织、决策、控制、创新职能于一身,在运动员的体能训练、营养摄入、伤病治疗、生活管理等方面都具有决策权。从运动员的选拔到施以专项技术和专项能力的训练与培养,再到比赛战术的制定与实施、比赛的临场指挥,每个环节都反映出教练员的执教水平和综合能力。教练员的文化结构、对所从事专项的理解认知程度、执教经历、执教水平以及敬业精神不仅会对运动员的成长产生至关重要的影响,而且会直接影响到该项目竞技体育水平的提高和体育后备人才的培养。教练员是队伍的核心,高水平教练员对运动队甚至对项目的影响都是深远的。所以,国内外体育界人士普遍把教练员称之为优秀运动员的"设计师"、世界冠军的"雕塑家"。国家体育总局原副局长李富荣曾经讲过:"一个好的教练可以带好一支队伍,一批好的教练可以带动整个项目水平的提高。"[1]新中国成立以来,我国涌现出一批优秀教练员,如袁伟民、蔡振华、孙海平等,为我国体育事业的发展起到了巨大的推动作用。

奥林匹克运动发展到今天,竞技体育比赛不仅仅是运动员之间的竞争,而且还是团队之间的竞争,台前是运动员在竞技场上拼搏,台后是一个包括教练员、管理人员、科研人员等的复合型团队在支撑。竞技体育赛场上表现出来的竞争是运动员之间的竞争,但在这竞争的背后实质上是教练员之间的博弈。一个国家教练员水平的高低和优秀教练员人数的多少,对该国竞技体育的发展提高至关重要。我国竞技体育一些优势项目之所以能长盛不

---

① 刘丹.球类运动训练理念批判[M].北京:北京体育大学出版社,2006.

衰,与拥有一批杰出的优秀教练员密切相关。在社会化因素不断影响的过程中,竞技体育在整个社会大系统中形成亚社会系统,使竞技训练过程成为多因素、多维度的复杂控制系统,各类相关因素大都需通过教练员这一中心环节作用于运动员,并通过比赛的表现得到相应的社会效应(王君侠和谭燕秋,2000)。因此,要研究一个项目的制胜规律,关于教练员这一方面的研究必不可少。

1. 教练员的管理

首先是教练员的知识结构。目前,我国各个项目教练员大多是来自本项目的退役运动员。虽然他们具有较高的技战术水平,拥有丰富的实践经验,并具有相应的教育学历,也具备一定的基础理论知识,但是不能否认的是,也有许多教练员仍缺乏对该项目的更深一步的认识,具体表现为对本项目缺乏自己的独特见解,对训练理论探索不足、缺乏创新。因此,在训练中对运动员的教育具有片面性,无法很好地把理论知识运用于训练实践中,训练仍停留在低层次的经验训练上,科学化训练水平不高。

其次是教练员的等级评定。目前,我国没有全国统一的、系统的教练员等级评定标准。我国教练员的等级评定以教练员岗位培训为主要依据。根据国家有关规定:凡在职教练员都必须参加相应级别(高级、中级、初级)的教练员岗位培训,并取得相应的合格证。凡参加相应等级的岗位培训,学完教学计划规定的科目,通过考试合格者,可发给相应级别的《教练员岗位培训合格证》,承认其完成 4 年轮训 1 次的任务,具有上岗执教的资格和晋级的条件。

最后是教练员团队的组成。目前,我国各队篮球教练员队伍组成中,很少有球队具有健全的教练组。绝大多数球队仅配备一名或两名教练,教练员之间分工不够明确,职责不够专一,往往形成主教练需要做所有工作的局面,无法满足系统内部的整体性,不少球队缺乏专业的体能教练、营养师以及其他各种类型的教练员,教练组成员单一。

随着竞技体育的快速发展,人们逐渐认识到一个运动项目的成功并不是单靠某一个教练员个体,而是通过一个教练群体集体协助、共同发挥作用。构建目标一致的教练员群体,有利于多学科综合效益和功能的发挥,对短期内丰富与完善专项训练来说,是一种高效、集成的方法。皮划艇项目之所以能够取得突破的一个重要原因就是,在雅典奥运会备战期间,国家队通过引入外教、建立北京体育大学研究生工作流动站介入训练过程等举措,促进了国家队人力资源结构的调整和优化。多学科的介入和综合性的协同工作,改变了训练实践的理念和操作模式,形成了教练员群体优势。教练群体的形成促进了优势互补,促进了理论和实践的创新,促进了科技和训练的紧密连接。正是基于此,皮划艇才会在雅典奥运会实现历史性的突破,并将这种优势保持到北京奥运会。

2. 外教的引进

外籍教练简称外教,是指担任某一国家的某一项目运动队教练的非本国国籍人员。现在,我国不仅国家队聘请外教,而且各省市体育局和职业俱乐部的队伍也聘请了很多外教。有的项目仅聘请了一位外教,有的项目则直接聘请一个教练组进行执教。邓小平同志在"利用外国智力和扩大对外开放"重要谈话中提出,要请一些外国人来参加我们的重点建设以及各方面建设。[①] 我们党历来都非常重视外国专家的作用,做好外国专家引进工作、引进国外智力,是人才强国战略的重要组成部分,对于我们的体育事业来说也同样如此。

新中国成立初期,我国体育事业刚刚起步,竞技体育人才奇缺,为了改变这一现状,尽快接近和达到国际水平,展示中华儿女新风采,我国竞技体育事业开始了"请进来""走出去"的"洋务运动"。从国足远赴足球强国匈牙利深造数载到大名鼎鼎的日本女排传奇主帅大松博文来华为中国女排短期指导,外教已成为我国体坛的一道风景线。

改革开放以后,随着我国综合国力的增强,竞技体育事业全面融入世界体坛,来华执教的洋帅数量急速上升,涉足项目也不断增多。2000 年悉尼奥

---

① 李叶.邓小平"利用外国智力和扩大对外开放"重要谈话发表 30 周年座谈会在京举行[EB/OL].
(2013-07-11)[2014-08-10]. http://politics.people.com.cn/n/2013/0711/c1001-22159742.html.

运会上,我国有 7 个项目聘请外教;2004 年雅典奥运会上,我国有 13 个项目聘请外教。雅典奥运会的成功以及北京奥运会的特殊背景,使我国体育的"洋务运动"愈演愈烈。在出征多哈亚运会的中国体育代表团中,有 14 位外教;2008 年北京奥运会,中国奥运代表团共有来自 16 个国家和地区的 38 位外教;2010 年广州亚运会,中国体育代表团中有 20 名外教。

外教的到来,确实对我国的竞技体育事业做出了一定的贡献,特别是一些偏弱的项目,通过聘请高水平外籍教练的确大幅度提升了运动队的实力。比如,作为帮助中国佩剑队从本质上提升的"教父级人物"——鲍埃尔。在北京奥运期间,仲满在他的带领下夺得中国男子击剑项目第一枚奥运金牌,结束了中国击剑长达 24 年无缘奥运金牌的历史,也给欧洲人把持的男子佩剑界带来巨大的冲击。在此之前,男子佩剑一直是欧洲人的天下,没有一个亚洲人获得过奥运会男子佩剑个人比赛的奖牌,更不用说金牌。女子佩剑队也取得团体银牌的好成绩。之所以能取得这些成绩,在背后艰辛付出的鲍埃尔可谓是功不可没。作为世界击剑界的知名教练,鲍埃尔给中国击剑队带来了更为先进的训练理念和方式,这为中国击剑队重获奥运会金牌提供了重要保证。

除了击剑,我国女子冰壶、女子曲棍球等很多项目在外教执教期间,运动员的竞技成绩出现"井喷"式爆发。外籍教练的到来,让我国的弱势项目取得了突破,正如我国体育代表团在北京奥运会的成功所证明的那样,从项目发达国家聘请高水平外教也是竞技成绩迅速提高的关键因素之一,他们带来了崭新的训练理念和方法,帮助队伍加深对项目规律特点的认识。例如,皮划艇项目主教练马克,在训练中突出强调准备活动中的肌肉和韧带的拉伸练习,解决了长期困扰运动员的训练伤病问题。前女子曲棍球主教练金昶伯和前女子手球教练郑亨均注重体能训练,实行了超大强度训练。在这种强度下,运动员不仅没有被练垮,反而逐步适应,并大幅度提高了运动能力,使我们对体能训练有了新的认识。

总体上来说,外教普遍具有以下优点:具有高度的职业精神和事业心,对工作认真负责、兢兢业业,心无旁骛、全身心投入训练与比赛中;具有先进的训练思想和技术、战术理念;了解该项目世界发展趋势;具有系统的技战术体系和训练的方法手段,在训练中要求明确、具体、细致、严格,针对性强,效果明显;临场指挥水平较高,能够根据比赛情况,特别是场上变化情况,及时、正确地调整战略和战术;能够及时进行情报收集和分析;对队伍竞技状态的调控能力强,敢于大胆培养和使用新人;注意与团队的沟通。

虽然外教具备某些方面的专长,在某些方面比国内教练有优势,能够解决我们不能解决的问题,这也正是我们聘请外教的原因所在,但是在外教执教的过程中,不可避免地会遇到管理上的很多问题,导致外教中途中断工作,造成一些不利的影响。例如,鲍埃尔的出走,给中国击剑队造成的影响正如他将队伍整体带上一个全新的高度一样明显。当很多人还在对鲍埃尔的离开表示留恋时,中国佩剑队却在"后鲍埃尔时代"艰难前行。世锦赛中国佩剑队两手空空,男佩团体比赛仅排名第六,女佩团体比赛排名第五,不仅王敬之和仲满都没有进入 32 强,就连谭雪也被挡在 32 强门外。广州亚运会虽然是在主场作战,但形势也没有明显改善,谭雪、王敬之和仲满在个人赛上接连失手,仅在团体赛上收获 2 枚金牌。

综上所述,对于外教,我们应该将研究的重点放在以下两个方面:一是根据我国竞技体育体制和项目的特点(特别是缺点)探讨我们的项目究竟需要什么类型的外教;二是在外教执教过程中,我们的项目管理中心应该如何对其进行协调。

比如,对于选择什么类型的外教来华执教这一点,我们应该把握"最好的未必是适合的,适合的才是最好的"这一原则,而不是一味地去追逐"大牌"。例如,美国人邓华德,他接替郭士强,成为继哈里斯和尤纳斯之后中国男篮的第三位外籍主教练。上任半年来,中国男篮在精神面貌、技战术等方面的变化是有目共睹的。虽然邓华德职业履历并不是那么显赫,跟前两位洋帅比起来甚至还有点卑微,但他坚守自己的逻辑,用激情重塑了中国男篮,并在广州亚运会上带领中国男篮战胜韩国队,夺得亚运会冠军。

随着我国体育和世界交往得越来越频繁,我国的教练员、运动员向国外流动,国外的教练员、运动员流向我国,使我国体育界能不断地吸收国外先进的理论知识、科学技术和训练方法，为我国竞技体育向世界水平冲击打下了坚实的基础。但是实践中所遇到的问题也需要得到妥善合理的解决，并且这是一个长期的过程，要求我们的项目管理中心在引进外教之前应当根据我国竞技体育体制的特殊性和每一个项目的特点早做打算、早有准备、长远考虑。

五、科研医疗保障

（一）科研

现代竞技体育既离不开管理的保障与控制，也离不开科研的先导与支撑。现代科学技术正越来越多地影响现代竞技体育的发展。随着以奥运会为代表的现代竞技体育水平的提升，运动成绩提高的难度越来越大。因此，各国都十分重视体育科学技术的研究，不断提高体育运动训练的科学化，不断探索体育科研与训练结合的体制与机制，以科技作为新的"金牌增长点"来推动竞技体育水平的全面提高。

竞技体育的科研就是为了正确地认识和把握项目，从而揭示其内在联系，发现其规律，并以此为依据来指导训练实践，促进运动员全面科学发展，提高项目运动水平。科研在竞技体育实践中处于特殊的地位，它是各种基础转化为制胜力量的催化剂。一个运动项目如果想要提高竞技水平、取得优异的运动成绩，必须依靠科研力量的大力支持。因此，在竞技体育领域中，科学研究的作用日益突出，也引起了世界各国的重视。

体育科研工作可谓是贯穿于竞技体育的始终，对于项目的制胜意义重大。在选材过程中，可以充分利用各种仪器与理论知识提高选材效率。利用仪器测量备选对象身体的一些指标，如指距、小腿长、大腿围、肌肉红白肌比例、心肺耐力、最大摄氧量、体脂肪等，以了解运动员基本数据；利用运动生理学对上述指标进行分析，判断备选人员是否适合该项目或是否具备发展潜力，为选材作参考；利用遗传学中的预测法，结合运动生理学可更准确地进行选材；利用运动心理学进行常规性格测验、特质类型测验、焦虑测验等，为选材作参考；利用统计学对运动员在进行医学与心理学测量后所获得的数据进行统计分析,以进一步判断了解运动员的运动水平,并结合其他运动员的数据做回归分析;利用信息管理学对选材的运动员信息进行合理的储存和归类,为今后选材提供数据参考以及对运动员进行长期的纵向观察和研究。在选拔完运动员后、开始训练前做好充分的准备。

在训练过程中,可以充分利用各类知识为竞技体育保驾护航。利用运动医学做好伤病的预防和处理;利用运动生理学检测训练中生理指标的变化是否正常,以确定训练方法、安排是否有效,比如监测姚明体脂肪变化、体能敏捷性变化等;利用运动训练学知识判断训练的方法是否合宜,训练的频率、强度、组数是否得当;利用运动心理学进行心智方面的训练;利用统计学统计训练时生理指标的变化和训练的效果,例如确定血乳酸含量和训练强度的关系、速度提高了多少等;利用运动生物力学对技术动作进行定量、定性分析;利用运动营养学知识增强运动员体能,通过服用营养剂或其他增补剂等调节运动员训练时的饮食,改善运动员体质;利用测量与评价评估训练效果。

在比赛进行的时候,教练员可以做到:利用运动医学做好伤害预防、伤害处理;利用运动生理学监测运动员生理指标变化是否正常,提出改善方案;利用运动心理学缓解运动员在比赛过程中心理起伏的问题;利用统计学研究比赛中自身和对手数据上的差别,发现问题、找出原因;利用信息管理学拍摄对手的比赛现场,并将有关数据输入计算机,对比赛资料进行剪辑以便分析问题。

比赛结束后更是要利用上述的知识对队员和对手进行全方位的分析研究,为下一次训练奠定基础,为下一场比赛做好赛前准备。

综上所述,在竞技体育中,如果离开这些科研活动,就无法保证选材、训练的科学性和目的性,也无法保证比赛的稳定性。科研对项目的制胜起着极其重要的作用,因此,在竞技体育实践中我们应该重视科研工作的应用,充分发挥科研工作对实践的指导和支撑作用。

(二)医疗保障

众所周知,在竞技体育运动中运动损伤和伤害事故时有发生,很多运动员因为伤病原因不能正常参加训练和比赛,还有一些很有天赋的运动员甚至因为伤病不得不提前结束自己的运动生涯,令人扼腕叹息。

随着现代医学的发展,越来越多的医务工作人员进入竞技体育的实践中,帮助和指导运动员合理进行运动训练及比赛,积极预防运动伤病和促进疲劳恢复,从而提高训练水平和运动成绩,成为科学训练的基础,是运动员们提升战斗力的重要环节,也是搞好大赛备战工作的重要保障,为运动员取得优异成绩起到了保驾护航的重要作用。

竞技体育的医疗保障工作的内容是多方面的,包括:对运动员体格的常规性检查;对训练和比赛的实时监控;对运动性疾病的防治;对伤后或病后运动员运动训练的合理安排;对运动后疲劳的积极消除;科学地控制体重;教育和监督运动员不使用兴奋剂及预防传染病;等等。

实践中将运动项目的特点与现代医学相结合,在训练和比赛期间做好相应的医疗保障工作是十分重要和必要的。我们应该根据实际需要增添医务的内容,同时要打破医务被动服务训练的旧局面,寻求医务主动参与训练的新路子,探索医疗训练有机结合的新模式。另外,还要继续加大竞技体育医疗保障的投入,不断改善医疗条件,充分利用竞技体育的社会资源等。通过这一系列措施提高医务工作对竞技的贡献度,使我国竞技运动水平得到全面提升,真正实现我国从竞技体育大国向竞技体育强国的转变。

竞技体育综合实力的提高是一个非常复杂的系统工程,它的复杂性表现在竞技体育的竞争是人与人之间在运动技术、战术素养、体能、心理、意志、装备等多方面的综合较量。从当今世界竞技体育的发展趋势来看,要提高竞技水平,仅靠经验训练、刻苦训练是远远不够的,还需要努力做到众多科技手段、众多学科的综合运用。要使我国成为世界竞技体育强国,我们的体育科技水平也必须走在世界的前沿。实践中,在新的训练思想和理论、新的训练手段和方法、科学的选材、科学的训练监控、有效的医疗和恢复措施、先进的训练比赛器材设施等方面,大量关键性问题有待研究和解决,每个关键性问题一旦得到突破,就会大大促进运动技术水平和成绩的提高,这才是竞技制胜的关键所在。

　　后备人才培养、训练、竞赛、管理、科研医疗保障等都是竞技体育的子系统,这些子系统内部都存在着某种规律性的东西,如果我们仅将这些看成是项目发展的规律,而忽略它们之间的相互联系,或是规律性的联系,就势必会妨碍我们对项目发展规律的正确探索和认识。探索项目发展的规律需要我们在认识各个子系统规律的基础上,进一步对各子系统如何进行科学合理的整合做出深入探究。广义制胜因素的分析见图 10.1。

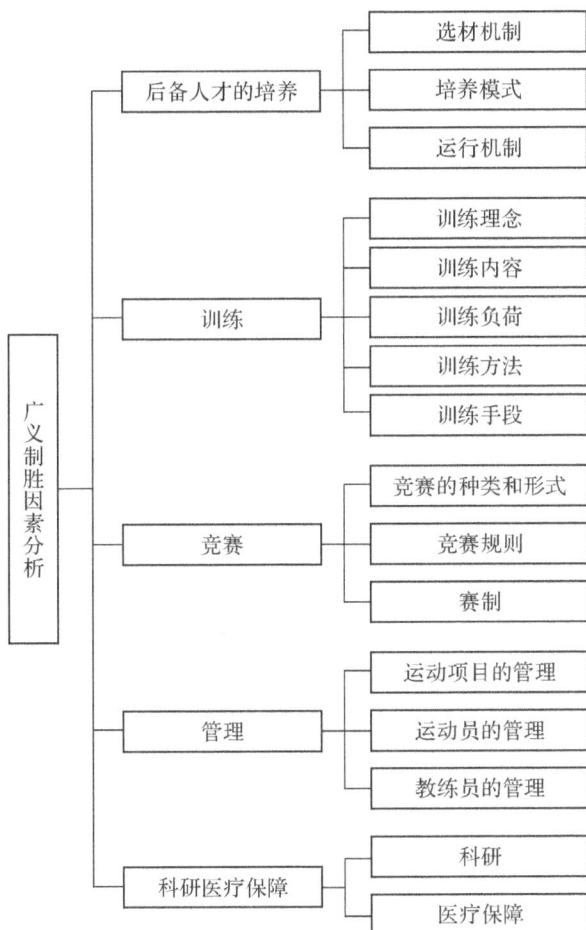

图 10.1　广义制胜因素的分析

第二节　狭义制胜因素分析

狭义的制胜规律是指比赛的取胜规律。运动员比赛如同战士参加一场战斗,胜负取决于队伍的实力(士兵是否训练有素,武器配备是否先进)以及战术安排的合理性、有效性,当然,还要有一个战斗前运筹帷幄,战斗中指挥有方、调度有序、善于调动士气的指挥员。因此,在运动竞赛中,运动员(或运动队)自身的实力、参赛方案的设计与应用以及教练员的临场指挥行为三个方面将会起到至关重要的作用,这是我们分析制胜因素、提炼制胜规律的重点内容。

一、运动员

运动员是运动项目竞技比赛中最直接的参与者,是竞技比赛制胜的最重要因素。在整个前期准备、比赛、赛后总结过程中,无论是训练、管理、后勤服务保障还是教练员人选的确定等,最终都是为比赛场上参加比赛的运动员服务的,并以他们为核心来组织各种活动。

在竞技运动中,运动员获得比赛胜利的一个最根本的条件就是自身的竞技能力要胜出对手。运动员的竞技能力由具有不同表现形式和不同作用的体能、技能、战术能力、运动智能以及心理能力所构成,并综合地表现在专项竞技的过程之中。如果想要在比赛中制胜对手,首先应该根据项目的特点,明确该项目对运动员竞技能力结构的要求,使运动员具备比对手更突出的竞技能力,并加以合理运用,才能使制胜成为可能。

例如,我国跆拳道项目虽然仅有 10 余年的发展历史,却能在短期内实现突破,就是基于明确了"以规则为导向,以体能为基础,以技术为核心,以战术为生命,以心理为保障,以控制为灵魂"的项目制胜结构,坚持了"以专项能力为突破,以技战术组合强化为核心,以个人特长技术为主体"的训练指导思想,突出了"打变结合、压调控制、击头为重、攻防一体"的打法,强化

"技术全面、特长突出、体能超强、心理过硬、作风顽强"的技战术风格(陈立人和袁守龙,2007)。研究某项目制胜规律,对于运动员竞技能力的研究来说就是要根据该项目的特点得出这一项目对运动员各个竞技能力的要求如何,并且这些竞技能力之间如何整合的规律。

(一)体能

运动员体能,指运动员机体的基本运动能力,是运动员竞技能力的重要构成部分。运动员体能发展水平是由其身体形态、身体机能及运动素质的发展状况所决定的。身体形态是指机体内外部的形状;身体机能是指机体各器官系统的功能;运动素质是指机体在活动时所表现出来的各种基本运动能力,通常包括力量、耐力、速度、柔韧度、灵敏度等。体能训练是运动训练的重要内容。不同项目的运动员,在运动训练过程中,都力求运用各种有效的训练手段和方法改造自身的身体形态、提高有机体的机能水平、增进健康和发展运动素质(王卫星和彭延春,2007)。

随着运动员竞技水平的不断提高,对体能的要求也越来越高。在各运动项目的训练中都十分强调体能训练,"体能"一词频繁出现在运动训练的领域中,运动员体能在竞技体育实践中的重要性已经引起了人们的重视。良好的体能是进行技战术训练和提高运动成绩的基础,是运动员承受大负荷训练和高强度比赛的基础,是运动员在训练和比赛中保持稳定、良好心理状态的基础。同时,良好的体能也有助于预防伤病,延长运动寿命。当代竞技体育运动项目的技术发展已基本定型,训练条件相差无几,技战术水平也逐渐接近,因此,在一定程度上,体能水平的提高已成为增强运动员竞技能力和比赛取胜的关键。王卫星教授曾在《运动员体能与技战术发挥的关系》中有这样的描述:"体能、技能和战术能力是运动员竞技能力中最重要的三个子能力,三者之间相互联系、相互制约、相互影响。技战术水平在比赛中发挥得如何,受到许多因素影响,其中体能因素是最重要的影响因素之一。"[①]

---

① 王卫星,彭延春.运动员体能与技战术发挥的关系[J].北京体育大学学报,2007(3):289-293.

　　例如,我国皮划艇项目在取得突破前,由于多年来我们对该项目特征的认识不足,陆上体能训练的理念相对落后,无论是力量训练还是跑步练习,其方法和手段都缺乏与专项动作结构、能量代谢特点以及个性化特征的紧密结合。体能训练的效益不好、质量不高,没能发挥出体能训练应有的作用和功能,制约了运动水平的进一步提高。在备战 2004 年雅典奥运会期间,中国国家皮划艇队体能总教练王卫星等人对皮划艇运动的项目特征进行了全面深入的分析,根据项目特点和个体特征,围绕着起航加速和后程能力的提高,确定陆上体能训练的指导思想是:重点发展快速力量和快速力量耐力,并改善与其相关的各种运动能力和对应的能量代谢系统,使快速力量和跑步能力的提高通过协调性和柔韧性的有效整合,能够有效地转换为划桨功率和划桨效果的改善,最终使构建专项成绩结构的起航、加速、途中和冲刺四要素得到最佳的组合,在此基础上,对各类陆上训练内容做了更细致的分析,并做了具体的设计与实施(王卫星,2005)。皮划艇项目运动成绩的突破与教练组在运动员体能方面所做的大量工作是分不开的。

　　我国在体能方面研究起步较晚,与国际交流机会少,理论落后于实践,对项目的特征、规律及体能在不同项目或个体(运动员或运动队)中的作用和地位认识不足等原因造成了我国在体能的理论研究和实践方面落后于其他体育强国。我国相当一部分运动项目对于该项目运动员体能的内容和结构还没有进行过系统的分析与研究。根据运动项目的特点,该项目运动员体能到底包括哪些内容,在体能训练中该练什么、练多少、哪些该练、哪些不该练,我们目前的体能训练同国外相比还缺什么,体能训练中哪些内容对成绩起决定性作用,哪些该是体能训练中的重点,这些都是制胜规律研究需要去探讨和解决的问题。

　　在竞技篮球运动中,力量、爆发力及协调性是首要的体能要素,因此,无论哪个位置的球员,在这三方面都应特别注重(孙民治,2004)。由于当前竞技篮球运动的对抗因素越来越突出,除了技战术、心理上的对抗外,最为重要的就是力量素质的对抗,它直接影响着比赛的胜负。NBA 火箭队队员姚明曾经说过:"尽管现在坚持经常练跑、练跳、练力量、练身体,体能长进了不少,但同 NBA 球员相比,我仍有差距,仍然吃亏,篮球是一项对抗剧烈的运动,体能是基础。体能差,影响技术,这毫无疑问。比如,当你七拐八绕好不容易地得到一个投篮机会,可你早就没劲了,那你还怎么投篮?还怎么保证你的命中率?反过来,如果体能出色,即使技术稍差,往往也不要紧,也能被好的体能所弥补,打出好球来。"①

(二)技术

运动技术是完成体育动作的方法,是运动员竞技能力水平的重要决定因素。参加不同体育项目的活动,需完成不同的动作,即需要学习和掌握不同的运动技术。合理的、正确的运动技术必须符合项目运动规则的要求,这有利于运动员的生理、心理能力充分地发挥,有助于运动员取得好的竞技效果(田麦久,2000)。对于制胜规律之运动员技术方面的研究来说,根据项目特点确定什么样的技术是合理的、正确的,并且有利于运动员心理、生理能力的充分发挥,怎样进行技术训练,以及怎样创新运动技术是我们研究的重点。

例如,女子举重是我国竞技体育的优势项目,自 2000 年悉尼第 27 届奥运会中国女子举重队获得所参加 4 个级别的全部金牌的辉煌成绩以来,其在历届国际大赛中为祖国赢得了很多荣誉。我国女子竞技举重项目的开展起步相对较晚,始于 1984 年,最早在山东省搞试点,随后在上海、辽宁、四川等省市陆续组建起了女子举重队。在借鉴男子举重成功经验的基础上,通过系统、科学的训练,女子举重取得了快速进步,运动成绩大幅度提高,在国际举坛异军突起。我国女子举重项目之所以会取得这样的成绩,其中一个非常重要的原因就是在训练过程中注重技术的训练和创新。本着"近""快""低""准"等原则进行的技术创新一直贯穿于我国女子举重运动的发展过程中,每次技术动作的改进和变化,都使运动成绩出现飞跃(李永坤和孙晓鹏,2001)。先进的运动技术加上先进的训练方法和手段,大大提高了女举运动训练的科学化、系统化程度,使得该项目一直处于世界领先的地位。

---

① 刘卫东.竞技篮球运动制胜规律的研究[D].苏州:苏州大学,2008.

再如田径项目,尤其是男子田径项目一直是我国竞技体育的薄弱环节,在奥运会等国际赛场中成绩一直不尽如人意,但是在2004年雅典奥运会上,男子110m栏项目取得了历史性的突破。在这次奥运会上,来自我国上海的田径运动员刘翔以12秒91破奥运会纪录的成绩获得金牌,在奥运会田径赛场上升起了一面五星红旗,为国争光,实现了历史性的突破,打破了该项目由黑人一统天下的局面。刘翔成绩的取得与他过硬的专项技术是分不开的。110m栏是一个竞速类的项目,在绝对速度上刘翔并不占优,据有关材料,刘翔的百米平跑成绩在本届奥运会110 m栏前八名的运动员中仅名列第六,但他却凭借着栏上技术的优势将这块金牌稳稳地收入自己的囊中,所以,对于刘翔来说,优秀的跨栏技术是他制胜的关键。

随着竞技体育的飞速发展,运动员机体的能力得到了极致的发展,运动员想要仅凭借体能上的优势在竞技比赛中夺冠变得越来越困难,所以我们应该在运动员体能训练的基础上进一步加大技术训练和技术创新的力度,对技术动作的认识要从表象深入本质,不断修正、完善现有技术,并在此基础上努力进行创新。

(三)战术

随着竞技体育的发展,比赛的竞争也越来越激烈,有时胜负就决定于毫厘之间,这对运动员们提出了更高的要求,在运动场上不仅要靠充沛的体能和先进的技术以及良好的心理品质来战胜对手,更需要合理的战术运用去保证最后的比赛胜利。战术已成为战胜对手,取得比赛胜利的关键因素之一,如扬长避短的规律,坚持积极防守、反对消极防守的规律,力争主动、力避被动的规律,随机应变、灵活机动的规律,多管齐下、综合制胜的规律等,这些在国内外的很多重大比赛中已经得到了证实。

竞技战术是指在比赛中为战胜对手或为得到期望的比赛结果而采取的计谋和行动。竞技战术是一种有目的、有意识的特殊活动,是竞技体育竞赛中最具变化、最复杂的集思维与行动为一体的竞争形式(乔平和周强,2002)。不同竞技项目对运动员(队)战术能力的要求有所不同;不同竞技项目竞技战术的特点亦不同。技能主导类格斗对抗性项群、同场对抗性项群、隔网对抗性项群对运动员战术能力的要求最高。随着项目的发展,竞技战术可以被无限地发明和创造出来,当然,每产生一项新的运动项目,也将随之产生出相关的竞技战术。例如,短道速滑项目按战术表现形式特征可分为目的战术、基础战术及体力分配战术。目的战术是指运动员根据参赛目的的不同,比赛时分别采用进下一轮战术和夺冠战术。基础战术是指单个的基本动作,包括起跑战术、滑行战术和冲刺战术。体力分配战术是指通过合理地运用体力,实现特定战术意图的方法,包括领先滑行、尾随滑行、超越滑行和变速滑行(朱佳滨,2008)。制胜规律研究中战术方面的研究要求我们根据项目的特点找出该项目比赛时的战术体系,并且明确在比赛中如何根据不同的情景选择不同的战术。

例如,我国短道速滑运动员杨扬之所以能够在第19届冬季奥运会短道速滑女子1000m的比赛中获得胜利,究其原因就是在比赛中她采用了正确、合理的战术体系。在比赛中,大杨扬与小杨阳利用短道的特点进行配合,小杨阳先领滑,大杨扬尾随保存体力,同时两人封住对手超越路线保持领先位置,等到最后两圈时大杨扬冲到前面,当对手超越小杨阳再逼近大杨扬时,大杨扬已到终点,这就是大杨扬获得本届冬奥会女子短道速滑1000m金牌的关键所在(肖天,2003)。

一个项目如果要显示强大的生命力,并且该项目的运动员想要在大赛中取得优胜,该项运动的运动员必须具有鲜明的战术特点和独特的战术风格。因此,结合项目特点,全面、系统地研究战术理论体系,在训练实践中给予充分的练习,并在竞技比赛中坚决地执行,对运动项目的发展起着至关重要的作用,同时对运动员竞赛的取胜也起着关键的作用。

(四)心理

邱芬和姚家新(2007)认为,竞技体育发展至今,高水平比赛中运动员之间的较量,事实上已经是心理素质、心理技能的较量,并且心理因素有时还会像催化剂似的渗透在竞技比赛的各个要素中,在一定的情况下运动员能够利用它来增强自己的综合竞技能力。

竞技体育比赛既要求运动员有良好的体能、技术能力和战术能力,还要求运动员具备良好的心理素质,比赛中运动员的心理变化直接影响比赛成绩。在比赛中,时常见到一些运动员虽然技术水平不高、实力没有绝对优势,但由于心理素质稳定,能很好地控制自己的情绪,在比赛中有勇有谋、敢打敢拼,从而最终战胜对手,取得比赛胜利的现象,也不乏技术和力量占优势的运动员由于心理状态不稳定、情绪起伏较大,关键时刻发挥不正常而导致比赛失利的情况。比如:美国射击运动员埃蒙斯在 2004 年雅典奥运会上最后一枪脱靶(打到别人的靶上),只能将金牌拱手让给中国运动员贾占波;2008 年奥运会悲情再次上演,一直占有领先优势的埃蒙斯最后一枪成绩仅为 4.4 环,基本等同于脱靶,又一次把即将到手的金牌让给了中国选手邱健。连续两届奥运会,在同一个项目上出现几乎同样的重大失误,看似偶然,实属必然。众所周知,在射击这个对精准度和稳定性要求很高的项目上,心理因素自然成了制胜的关键。

目前,世界范围内对运动心理训练的研究都十分重视,其中比较先进的国家是美国、德国、加拿大、意大利、日本以及俄罗斯和东欧一些国家。根据赵国明的研究,"美国参加 1996 年亚特兰大奥运会的美国代表团所聘请的运动心理学专家近 100 人;澳大利亚为迎接 2000 年第 27 届奥运会,从 1995 年就开始筹划运动队的心理训练工作,一直跟踪到第 27 届悉尼奥运会"①。由此可见,传统的竞技体育强国对运动员的心理是高度重视的。

运动员如果仅具备一般心理能力是不足以使他们在激烈的竞技比赛中取得优异成绩的,特别是在临近比赛时的应激水平和思维模式等,如果对此控制不好,对运动员的比赛会产生灾难性的破坏作用。优秀运动员不仅要有超常的体能和高超的运动技能,而且还要有超常的心理控制能力,这样才能在激烈的竞争中、在巨大的心理负荷压力下保持良好的竞技状态,正常、超常地发挥技战术水平。大量研究表明,优秀运动员与一般运动员或非运动员相比,其不仅在身体技能上存在较大差异,而且在心理技能的使用上也存在着巨大差异。心理因素对运动成绩有着重要影响,系统心理技能训练

① 赵国明.高水平跳水运动员备战重大比赛心理干预模式的理论构建与实证研究[D].上海:上海体育学院,2009.

对不同年龄、不同项目运动员的竞技表现都有促进作用。因此,在每一个运动项目的实践中,如何对运动员心理能力进行训练,以及运动员怎样在比赛中调节自己的心理状态是我们在制胜规律研究中应该解决的问题。

例如,我国的优势项目——跳水,该项目因其动作完成过程时间短、赛中动作操作之间存在时间间隔、比赛中观众的反应明显等原因,要求运动员具备良好的心理品质和个性心理特征,掌握并能熟练运用各种心理技能,随时调控自己的心理状态,才能确保在比赛中创造最佳运动成绩。跳水项目在备战重大比赛时都会对运动员进行心理干预,具体措施包括:以目标设置、表象演练、放松训练和自我谈话四种心理技能训练为主要手段的系统心理训练;以个性化表象演练改善和提高高水平跳水运动员的表象能力,因而改进难点技术动作的动作质量和提高操作的稳定性;通过呼吸训练、表象演练和注意集中等心理技能训练提高跳水运动员的各项心理技能的水平;以焦点解决短期咨询技术解决运动员遇到的赛前多种心理问题。这些措施对于跳水运动员以良好的心理状态参赛,并且在大赛中取得优异的运动成绩起到了重要的作用。

能够参加比赛的运动员都是该项目比较出色的选手,能够进入决赛的选手之间的实力更是非常接近。选手们在决赛中所要较量的往往不再是技术、战术,而是心理素质,毫无疑问,谁的心态更为放松,谁就能发挥更大的水平,成为最后的王者。运动员参加竞技体育比赛不仅仅是为了获得金牌或奖牌,更重要的是要学会如何把注意力集中在能控制和能做到的事情上。如果运动员浪费自己的精力或受困于其他因素的干扰,使注意力下降,从而无法考虑如何比赛,最终将毁掉比赛机会。因此,如果运动员想要在比赛中取胜,就必须在平时做有针对性的训练,形成良好的心理素质。

二、参赛

参赛就是参加比赛。参赛应当由赛前阶段、比赛阶段和赛后阶段组成。赛前训练阶段包含教练员制订训练计划、运动员完成训练计划、科研人员及其他相关人员做好后勤保障工作等;比赛阶段包含教练员临场指挥、运动员参与比赛过程、医务人员做好医务监督等;赛后阶段包含教练员对比赛的总结等。

运动员所获得的竞技能力,只有通过参赛才能获得肯定。但是,在许多国际赛事上,我们经常会看到一些优秀运动员在比赛中因发挥不出应有的水平而败走麦城。究其原因,除了运动员心理素质不过硬外,对参赛环节认识的不充分也是一个不容忽视的原因。一些教练员在比赛前会制订详尽的训练计划,但却忽视对参赛计划的制订;科研人员对训练和竞技能力的研究比较多,对比赛的研究却相对较少。如何提高运动员的比赛能力,让运动员在比赛中充分发挥甚至超水平发挥,将训练成绩有效地转化为比赛成绩一直是困扰整个体育界的难题。

(一)赛前阶段

中国有句俗话,"不打无准备之仗,方能立于不败之地",意思是要想取得成功,必须做好充分的准备。道理都是相融共通的,对于我们竞技体育的参赛来说也不例外。运动员在参加比赛之前需要和教练员团队做很多有针对性的工作,充分的赛前准备是运动员在比赛中取得优异成绩的基础。

第一,运动员要有明确的参赛目标。教练员要做好对运动员的思想教育工作,即通过鼓励和教育相结合的方式让运动员明确参赛目标,理解参赛意义,端正训练态度。另外,教练员也要密切关注运动员的思想状况,采取有效措施稳定运动员训练和比赛心态。例如,在2008年北京奥运会上取得突破的拳击项目,在参赛备战过程中,始终向运动员灌输"我们是一个团队,是一个集体,是无数中国体育拳击人的代表,是站在众人的肩上去摘果实"的思想,把"实现金牌零的突破"作为明确的目标,鼓励运动员用成绩报效祖国,对运动员起到了积极的鞭策和指向作用。

第二,对赛前训练的控制。运动员在参加比赛前的训练既要尽力保证原计划方案的实现,又要在组织训练过程中随时根据运动员的现实状态及时调整计划。具体来说:一方面,要根据赛前训练的任务、计划、专项特点和运动员的训练状态等因素,对运动员的身体训练、技术训练与战术训练进行控制,使运动员的竞技状态在比赛时达到顶峰,将最佳训练状态转化为参赛状态;另一方面,通过定时对运动员运动成绩和生理指标进行监测,及时修改与完善既定训练计划,使其越来越符合运动员的个性特点。例如,拳击教练张传良在介绍奥运会冠军邹市明参加奥运会前的训练时说,每堂训练课,他都会非常关注邹市明的身体状态,状态好时可能会适当增加训练内容和强度,状态低迷时则可能临时减少训练量,他说这种变更训练计划的现象时有发生,但前提是要保证总体的训练效果和强度。

第三,备战团队中的科研人员、医务人员等其他相关人员也要配合教练员随时做好对运动员赛前饮食营养、疲劳程度、身体恢复、心理训练等情况的监控。

第四,做好情报的采集工作。"知己知彼,百战不殆",竞技比赛不仅是实力的比拼,更是智慧的较量。只有做到知己知彼,有的放矢,才能在比赛中占据主动。雅典奥运会上,我国女子长跑运动员邢慧娜和孙英杰携手参加 10000m 的角逐,赛前教练员就通过各种渠道了解到主要对手肯尼亚运动员的实力情况和战术特点,并据此制定了周密的比赛战术,即孙英杰领跑,尽量消耗对手的体力和分散对手的注意力,邢慧娜紧紧跟随对手,在最后阶段赶超对手。事实证明,这一战术安排果然奏效,邢慧娜在最后阶段超越对手,获得金牌。这个例子告诉我们要重视对对手信息的采集,但是,对于搜集到的信息素材应认真研究和深入分析,必须做到"去粗取精,去伪存真",只有这样才能真正做到"知己知彼,百战不殆"。

(二)比赛阶段

这里的比赛阶段是指从比赛第一天开始到最后一天结束的时间范围。高水平竞技运动的不断发展,使运动员间的成绩差距日益缩小,竞争越来越激烈,特别是对于实力相当的选手来说,得失往往取决于竞技成绩的毫厘之间。运动员如何在比赛阶段充分发挥已有的竞技能力,已成为广大教练员、运动员十分关注的问题。

在比赛阶段,教练员要密切关注运动员的赛前准备活动情况,稳定运动员情绪,让运动员明确赛场上的技战术安排,根据比赛的发展状况及时对运动员进行技战术指导。例如,根据新华网的报道,2008 年 8 月 16 日的奥运会拳击比赛中,邹市明迎战法国人诺尔迪纳·乌巴利,在前两回合两人分数持平、第三回合法国人得一分而邹市明一分未得的情况下,教练员及时提醒他要打得果断、不能轻敌,邹市明在第四回合的最后 30 秒奋勇进攻,终于以3∶3追平了比分,最终评判组宣布邹市明获胜。

（三）赛后阶段

对于赛后阶段,我们把研究的重点主要放在参赛总结上。赛后总结则要落实到对比赛成绩、经验教训以及其他最终信息的总结上,在各级组织管理部门的监督和规划下,上至最高层次的领导机构,下至教练员、运动员、科研人员等都要做好自己层面的总结。

另外,科研人员和医务人员也要在这个时期做好运动员的营养补充和医务监督工作,对于刚刚比赛结束的运动员,尤其要帮助做好身体的放松和恢复工作。

近年来,通过奥运会等国际大型赛事,我们看到了赛前准备和对比赛过程本身进行规划调控的重要性。因此,我国体育工作者通过对比赛的规律和特征进行初步的归纳与总结,提出了程序化参赛模式。采用程序化参赛模式的最终目的是取得优秀的比赛成绩,具体到每个运动员身上,对应的目的应当更加具体和细化。实践证明,程序化参赛模式是一种新型有效的参赛模式。2006 年都灵冬奥会程序化参赛的方法开始在各个雪上项目上得到推广使用,中国体育代表团获得了 2 金 4 银 5 铜共 11 枚奖牌,总数超过了历届。国家体育总局原局长刘鹏在总结实现这一历史突破的原因时曾指出:"冬奥重点项目充分借鉴了许多夏季项目的成功经验,切实做到了程序化参赛,使参赛工作紧张有序、忙而不乱。"[①]

程序化参赛模式作为一种新型的参赛模式,对由训练和比赛组成的参赛全过程具有积极的指导和保障作用。现阶段,一些潜优势项目（包括冬季项目）对于程序化参赛模式的研究还处于起步阶段,竞技体育比赛中的大量

---

① 刘鹏.在第 20 届冬奥会中国体育代表团总结大会上的讲话[R/OL].（2006-03-01）[2014-01-12].http://www.sport.gov.cn/2006-03-01.

实践案例还有待于理论抽象和概括。因此,根据项目特点对本项目参赛进行程序化的系统研究和探索是非常有必要的。程序化参赛的过程控制示意图见图 10.2。

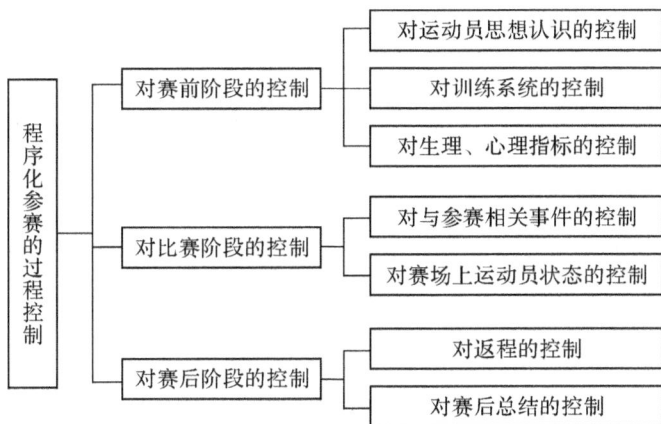

图 10.2　程序化参赛的过程控制[①]

三、教练员的临场指挥

竞技体育比赛对于教练员来说是一场激烈的智力竞争,教练员的临场指挥对于比赛的结果也会起到重要的影响。

如果教练员思维敏捷,表情与动作沉着、神态自若,注意广泛,感知清晰敏锐,意志坚定,善于把握、调节、控制自己的情绪,能理智地分析比赛形势,从容控制和指挥,临危不乱,并迅速做出合理的应急措施和战略决策,比赛往往会获得满意的结果。反之,如果教练员在比赛中心理失控,控制不住自己的情绪,不能清醒地观察比赛动向,不能用自己的心理情绪来稳定自己的运动员,没有主见,不能果断地安排技战术,急躁不安,心神不定,失去常态,对裁判、对方、观众不满,这些不良情绪不仅会消耗教练员在策略控制上的神经能量,极大地分散指挥能力,同时也会给运动员造成巨大的精神压力,对运动员产生消极的影响。

竞技比赛中离不开教练员的临场指挥,教练员指挥正确与否直接影响

---

① 高方君.程序化参赛若干问题的研究[D].上海:上海体育学院,2009.

比赛中双方(多方)的优势和劣势、主动与被动。比赛中的优势可能因为教练员指挥不当而丧失,比赛中的劣势也可能因为教练员谋略有方而扭转。所以,教练员在关键时刻充分发挥自己临场指挥的能力往往会对比赛结果起到关键的作用。

竞技运动成绩的取得不仅仅是运动员赛场行为的结果,而且是影响比赛的各个方面相互作用结果的整体呈现。竞技成绩的产生和发展联系着人类的政治、经济、科学、文化等社会活动,联系着运动员的训练、教练员的教练和科研人员的科研,联系着裁判员的裁判行为和对手的对抗行为,联系着比赛的场地、器材、设备、观众、气象以及地理环境,等等。总之,竞技运动成绩绝不仅仅只是运动员赛场行为的结果,而是人类社会及其他诸多因素共同参与作用下的社会产物,运动成绩的产生源于一个巨大的复杂系统,是这个复杂系统所包含的各个子系统的整合。无论是广义制胜规律的研究还是狭义制胜规律的研究,我们都应该将研究的重心放在那些对竞技体育结果影响大的因素(制胜因素)的分析上,对各个因素的分析过程就是制胜规律的提炼过程。

另外,研究竞技体育的制胜规律,不能仅从这个复杂系统的某一个方面或某一个局部去考虑,而是要从整体上去认识这个复杂系统。如果没有总体的研究,就难以使我们从总体上、全面地、系统地去认识制胜规律,难以真正地、科学地把握制胜规律。狭义制胜因素分析见图10.3。

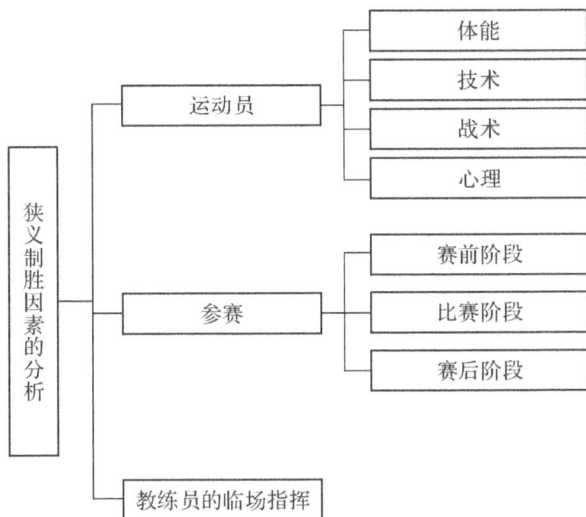

图 10.3　狭义制胜因素的分析

小　结

　　从现代竞技运动的发展趋势来看,对于一个项目的发展来说,科学的后备人才培养体系、科学的训练体系、科学的竞赛体系、科学的管理体系以及强力的科研医疗保障都已成为制约现代竞技项目健康发展的核心要素,即广义的制胜因素。每一个要素的实践操作过程如果处理不好,该项目的发展必然会受到影响。只有科学地处理好每个过程,并且整合好各个过程之间的关系,该项目才会得到良好的发展,才会"制胜"。狭义的制胜规律是指比赛的取胜规律。在运动竞赛中,运动员(或运动队)自身的实力、参赛方案的设计与应用以及教练员的临场指挥行为三个方面将会起到至关重要的作用,这是我们分析制胜因素、提炼制胜规律的重点内容。

第十一章　竞技制胜规律提炼的程式

第一节 竞技制胜规律的提炼方法

经验是符合规律的有效做法或对这种有效做法的认识,而规律是关系或联系;经验是具体的、特殊的、表面的、分散的、支离破碎的,而规律是抽象的、普遍的、稳定的、单纯深刻的;对经验的分析、总结和提炼是认识规律的基础与必由之路。而在各个因素的分析过程中,其实我们已对实践中的经验做出了总结,只有在对各个因素进行经验总结的基础上才能提炼出制胜规律。制胜规律研究中对各个因素的分析过程,其实就是对各个因素实践操作过程中所形成的大量经验进行搜集、整理和总结的过程,在此基础上再经过逻辑推理,便能提炼出制胜规律。

通过总结经验进而提炼规律,要求对经验的总结必须是系统的而不是零碎的,是全面的而不是片面的,是反映事物深层次联系的而不是仅限于事物表象的,是客观真实的而不是虚假的,是能长期发挥作用的而不是只能在某一特殊情况下偶尔表现出来的。通过总结经验进而提炼规律,还要求在分析各种具体现象和问题时,要充分考虑到它的外部环境和历史渊源,从而对导致这些现象和问题发生的深层原因有清楚的了解。在分析发生于自己身上的现象和问题时,要考虑到其他在类似情况和环境中发生的问题与现象,从而在对比中更加深刻地认识自己的经验。实践中,一个人如果能够预先对可能出现的问题和变化做出判断,并把曾经的经验与教训作为下一次工作中的对策,就可以说,他从经验中总结出了富有价值的规律。

制胜规律的提炼需要以下五个步骤:一是定本质、定对象;二是析要素,找联系;三是确定本质联系;四是论证做出结论;五是投入实践检验。具体操作如下。

第一,对于项目狭义制胜规律的提炼来说,确定项目的本质是十分重要的。例如,孙海平将110m栏项目的本质定位为"有障碍的短跑"。然后根据项目的本质确定我们所要研究的对象,如运动员的竞技能力、教练员的临场指挥等要素对于运动员在比赛中成绩的取得所起的作用怎样,程度如何。我们应当将研究的对象放在起关键作用的因素上。

第二,对于110m栏项目来说,它的特殊本质决定了该项目对运动员自身竞技能力的要求极高,而对于教练员的临场指挥则没有要求或者要求较低。但是,对于其他项目来说,可能教练员的临场指挥对运动员在比赛中成绩的取得也会起到非常重要的作用,如竞技篮球比赛,所以我们也要对教练员的临场指挥这个因素做出分析。研究对象的选择要根据项目的本质来决定。对于110m栏来说,我们将"对象"锁定在了运动员身上,对运动员进行分析,分析运动员的竞技能力,即"定本质,定对象"。要想分析出运动员的竞技能力就要分析:竞技能力的构成要素是什么?哪个或哪些要素参与其中,参与程度如何?哪个或哪些竞技能力对运动员在比赛中创造优异成绩起到关键性的作用?这就导致了第二步,即分析运动员竞技能力的要素,找出它们与比赛获胜的联系。当然对于那些教练员临场指挥起重要作用的项目,我们也要对教练员的临场指挥进行分析。这就是第二步,即"析要素,找联系"。

第三,在上一步对各种不同的联系分析的基础上,找出程度高、关键性的联系,也就是找本质联系。对于110m栏项目来说,从竞技能力构成的五个要素中找出与比赛取胜之间具有关键联系的要素,即确定本质联系。孙海平教练认为体能和技术这两个因素同比赛取胜之间的联系最为关键。具有关键性联系的要素又有各自的构成因素,我们还需要对其进行更进一步的分析。

第四,论证并做出结论。最终,孙海平教练将110m栏项目的制胜规律归纳为:"精确恰当的动作力度、刚柔并济的力量协调、准确无误的肢体配合、赏心悦目的外观形象,训练细节上要抓住从跨栏向跑栏的理念转变。"(杨桦,2004)这一论断也在刘翔身上得到了成功的验证。

对于广义制胜规律的提炼来说,首先也要确定项目的本质,正确认识项目的本质是一个项目获得健康发展的前提。后备人才的培养、训练、竞赛、管理、科研医疗保障等环节对于一个项目的良性发展来说都起着至关重要的作用,忽视了哪一环节,该项目的发展都不会保持强劲的势头。因此,我们要对这些环节进行分析,找出这些环节各自所包含的因素,再分析这些因素跟项目的发展之间有怎样的关系,程度如何。例如:对于我国的冰壶项目来说,举国体制是保证该项目获得快速发展并取得突破的关键;对于我国乒乓球项目来说,科学的后备人才培养体系是该项目保持长盛不衰的基础。

当然,对于复杂的项目制胜来说,同时存在着多种制胜规律,有多少制胜因素,就会有多少制胜规律,表现为制胜规律的群。另外,由于项目与项目之间存在着天然的区别,我们这里只能简单地举出个别的例子作为佐证,而在具体的研究过程中,我们应该尽力地挖掘出可能存在的制胜规律,尽可能地构建起科学完整的制胜规律体系来,并以此为指导促进每个项目的可持续发展。

第二节 竞技制胜规律的表达形式

解决了制胜规律提炼方法的问题,我们接下来又面临着如何表达制胜规律的困惑。制胜规律的表述既反映着人们对制胜规律的认识和运用,也影响着人们对制胜规律本身更深层次的探讨。

现有的关于制胜规律的研究中存在着以下几种常见的表达形式:一是将项目的制胜规律归纳为简练的几个字,并把它们称之为"制胜因素",而将制胜规律认为是"制胜因素"及"制胜因素"之间的关系;二是将制胜规律表达为"只有……才能……";三是将制胜规律表述为"……原则"。这些是我们现在所公认的"制胜规律",其表述的模式实际上是一种主观愿望的价值判断的制胜规律表述形式,都可以还原为"……应该……"的形式。

规律所描述的是事实判断而不是价值判断,是事物的实然状态而不是应然状态,回答的是事物间、事物内部各要素间是怎么样的关系的问题。我们肯定了制胜规律是规律在竞技体育领域的特殊表现形式,因此,制胜规律理所当然也要表达"本质的关系或发展的必然趋势",也是竞技的实然状态。

当然,制胜规律也就不能表述为"……应当……",而应该表述的范围要周延事物间、事物内部各要素间关系的可能或程度,具体表达的形式就是"……决定、影响……"或"……对于……是前提、基础、关键"等等。具体到某个项目的制胜规律研究来说,广义的制胜规律,即项目的发展研究就是揭示后备人才的培养、训练、竞赛、管理、科研医疗保障等因素与项目发展之间的关系怎样、程度如何,哪些因素对项目的发展起着关键性的作用。例如:对于我国皮划艇项目成绩的取得来说,科学的训练是关键,严格的管理是基础,强大的科研和医疗是保障;对于我国冰壶项目能短时间内在国际上异军突起来说,举国体制是关键,科学训练是保障。

对于狭义的制胜规律即比赛的取胜来说,就是揭示运动员的竞技能力、教练员的临场指挥能力、参赛行为等对于运动员在比赛中的表现以及取得比赛的优胜之间的关系怎样、程度如何。例如:对于我国短道速滑运动员杨扬在第 19 届冬季奥运会短道速滑女子 1000m 的比赛中获得胜利来说,战术的合理利用是关键;对于 2008 年北京奥运会拳击项目比赛邹市明的获胜来说,教练员的临场指挥是关键。

由于我们的认识能力有限,对规律的认识也存在着阶段性,所以我们对于规律的认识不可能一劳永逸、一蹴而就。随着科学的发展和人们认识能力的提高,过去被认为是规律的东西可能不可避免地成为过时的经验。所以,我们对于制胜规律的认识也应该经历否定之否定的过程,也要随着实践的发展不断地进行修正和完善。

竞技不是简单的机械系统,而是复杂的动态系统,它们的确定性不是由它们各部分之间的个人相互作用的决定性造成的,而是由它们各部分之间的个人统计性的相互关系造成的。我们所能揭示的制胜规律只能是一种弹性的必然性,只能预见未来制胜可能实现的概率,只能重复制胜的整体概率和频率,其必然性表现为由大量偶然事件所体现的必然性。追求真理与客观性不能同追求绝对混为一谈,探寻和揭示制胜规律的目的不是也不可能为所有的竞技活动探索出一个亘古不变的操作方案或程序,而是也只能是通过对具有统计性规律竞技的现实或现象的考察和总结,来对未来竞技发展的可能性做出相对合理的预测,为竞技决策提供某些原则上的指导与咨询。

　　制胜规律的提炼是一件不容易的事情。首先,学习是提炼规律的基础。在新理论、新技术层出不穷的当今时代,竞技体育领域对新知识的汲取是大家有目共睹的。"问渠哪得清如许,为有源头活水来。"谁善于学习,谁拥有知识,谁就拥有提炼规律的能力基础。其次,勤于思考是提炼规律的核心。面对不断发展变化的新形势、新任务以及竞技实践中出现的新情况,没有勤于思考、善于思考、精于思考的意识和能力,提炼规律就是空想。最后,勇于实践是提炼规律的关键。任何能力的具备都离不开实践的磨练。提炼规律的能力,也必然是在思与行的辩证统一和循环往复中不断得到锻炼及提高的。只有把思维之树植根于脚踏实地的实践探索之中,才能获得真知,进而不断将对事物发展规律的正确提炼和科学运用变为现实。

小　结

　　制胜规律研究中对各个因素的分析过程,其实就是对各个因素实践操作过程中所形成的大量经验进行搜集、整理和总结的过程,在此基础上再经过逻辑推理,便能提炼出制胜规律。制胜规律的提炼需要以下五个步骤:一是定本质、定对象;二是析要素,找联系;三是确定本质联系;四是论证做出结论;五是投入实践检验。制胜规律的表达形式为"……决定、影响……"或"……对于……是前提、基础、关键"等等。对于广义的制胜规律,即项目的发展研究来说,就是揭示后备人才的培养、训练、竞赛、管理、科研医疗保障等因素与项目发展之间的关系怎样、程度如何,哪些因素对项目的发展起着关键性的作用。对于狭义的制胜规律即比赛的取胜来说,就是揭示运动员的竞技能力、教练员的临场指挥能力、参赛行为等对于运动员在比赛中的表现以及取得比赛的优胜之间的关系怎样、程度如何。

第十二章

科学认识和把握运动项目制胜
规律的作用机制

科学的任务是揭示规律是怎样起作用的。制胜规律描述的是实然状态,而我们研究制胜规律的目的就是在寻求从实然状态到应然状态的转变,是为竞技体育的实践服务的。从实然状态到应然状态的转变,必然有人的活动,没有人的活动就不可能实现这两种状态的转变。因此,在研究运动项目的制胜规律时,也应该着重引导人们弄清楚怎样去认识和把握制胜规律的作用机制,从而科学地使用制胜规律。竞技体育实践的复杂性、不确定性、不可逆性决定了指导竞技实践的制胜是一件非常不容易的事情。如何从不容易看清规律的竞技体育实践中找出制胜的规律,如何科学认识、把握和使用竞技体育的制胜规律,这些都特别需要科学的思维。

第一节　制胜规律作用的同时性和复杂性

在复杂的竞技体育实践中,同时存在着多种制胜规律,有多少制胜因素,就会有多少制胜规律。并且这些制胜规律是同时起作用的,表现为一种规律群的作用、一种非线性的“场”效应,具有复杂性的特点。

判断某一种东西是不是制胜规律,主要取决于它是不是竞技的制胜因素。竞技是双方或者多方综合实力的比较,也是多种因素的比较。决定竞技胜负的因素可以归纳为:既取决于实力,又取决于实力的运用;既取决于客观条件,又取决于主观自觉能动性;既取决于技术,也取决于战术;等等。另外,每一种规律的作用都带有统计学特征,表现出某种概率性。在竞技体育的实践中,我们不能轻言“必胜”,更不能轻言“铁的规律”。“强必胜”“弱必败”的认识,虽然能够在某种意义上针对某种情况合理地使用(简单化、绝对化地使用),但是这类认识不是反映竞技体育制胜规律的科学认识,没有能够反映出区别于简单的“牛顿力学模式”的现代科学意义上的竞技体育的制胜规律。因为这些认识虽然反映了竞技制胜的某些规律性,但忽视了同时还有其他规律也在起作用,并且忽视了各种制胜规律的作用都带有概然性特征。这些认识过于绝对,因而也不符合现代体育科学的要求。

　　竞技是人类复杂的实践活动,竞技的进程和结局从来都是异常复杂的,具有很大的不确定性,用任何简单的或线性的描述来概括制胜规律,都是不准确、不科学的。

第二节　制胜规律作用的不均衡性

　　在竞技体育的实践中同时存在着多种多样的制胜规律,构成一个规律群,但是这个规律群中的各个具体规律实际起作用的概率和大小是不一样的,也就是作用的不均衡性。这种不均衡性主要表现为下面两种情况:

　　第一,规律群中各种规律作用的概率不一样。研究竞技体育的制胜规律,要注意区分"临时起作用的规律"和"经常起作用的规律"。从竞技体育的实践中可以发现,实力制胜规律和正确运用实力制胜规律在竞技中发生作用的概率偏大,分量较重,是经常起作用的更为基本的制胜规律。竞技体育是实力的比较,但是在双方运动员实力相当时,最大限度地发挥主观能动性,最大程度地减少失误,便成为决定性的因素。参与竞技的各方,胜败之分、名次之别,都在很大程度上取决于内因。虽然外因也有差别,但是外因也要通过内因起作用。相比之下,出奇制胜、突然性制胜等虽然也是决定竞技胜负的重要因素,但不是经常起作用的因素。

　　第二,虽然竞技体育中多种制胜规律同时存在,并且同时发生作用,但其作用程度的大小却是不均衡的。即在竞技体育实践中的每一次较量中胜负必定有一种规律或一部分规律起主要和决定性的作用,也必定有其他规律起着次要和辅助的作用,并且这种作用是不可缺少的。唯物辩证法认为,任何过程如果有多种矛盾同时存在的话,其中必定有一种是处于主要地位的,起着决定作用,其他则处于次要和服从的地位,起着辅助的作用。竞技体育的制胜概莫能外。在多种制胜规律同时作用的过程中,实际上必然会有某一种或几种制胜规律的主要作用或突出作用对竞技的结果产生决定性的影响,从而决定竞技的胜负。

第三节　制胜规律作用的相对必然性

实践中竞技体育制胜的规律群是复杂的,多种规律同时影响和决定竞技结果的胜负是绝对的,但至于主要由哪一种或哪几种规律决定竞技结果的胜负,却是相对的、有条件的,不可一概而论,需要具体情况具体分析。竞技体育制胜规律群的作用具有概率特征,是一种相对的必然性。它既包括"刚性"的一面,也包括"弹性"的一面,同时又存在于一种既确定又不确定的复杂的充满变数的对抗过程之中。

正如恩格斯所说:"这样就有无数相互交错的力量,有无数个力的平行四边形,由此就产生出一个合力,即历史结果。"①认识竞技体育的制胜规律,既要看到其中的复杂性,又要看到其作用的相对必然性。在竞技实践中,众多制胜规律同时起作用,表现出规律群的作用,表现出一种"场"效应。在这个众多制胜规律起作用的"场"中,更为基本的、经常起作用的规律是实力制胜规律和正确运用实力制胜规律。这两大规律,在竞技实践中客观存在,能同时发挥作用,并且它们对于竞技双方的影响和制约作用都是刚性的,也都是"铁的规律"。

竞技体育制胜规律群的作用又是"弹性"的,又带有一定的相对性。竞技的结果既存在于多种可能性之中,也存在于人的主观的努力争取之中。实力的具备和实力的正确运用在竞技体育的实践中是最主要的因素,对竞技结果的影响巨大,但是我们又不能忽略人的主观能动性的发挥。丰富的竞技体育实践经验告诉我们,不能否认人的自觉能动性在竞技中的重要作用,这种自觉能动性不仅是在实力优劣的基础上影响和决定主动与否的重要因素,而且是在实力相当的基础上将胜利的可能性转化为现实性的决定性因素。这一点,不论对于实力强者还是实力弱者都适用,实力是基础,努

① 马克思,恩格斯. 马克思恩格斯选集(第4卷)[M]. 北京:人民出版社,1995.

力争取是前提。竞技实践中究竟哪一种规律主要地、决定性地影响竞技的结果，并成为决定竞技胜负的主要因素，需要我们针对具体情况进行具体分析。另外，教练员的临场指挥、竞技的环境等也是影响竞技制胜的重要因素。

因此，竞技制胜除了取决于实力强弱，也取决于主观能动性的发挥，并且所有的制胜因素在实践中都要通过人的主观能动性来发挥作用，制胜规律群的作用是一种相对的必然性。

第四节   用发展的眼光和方法看待与研究制胜规律

竞技体育实践中充斥着各种"蝴蝶效应"和"马太效应"，并且有着先入为主的作用，现实的体育科研在某种程度上又好像是"看着后视镜开车"，总是想沿着某一条被认为是合理的路走下去，但这种状态只能在理想的封闭的环境中才能实现。竞技体育实践的过程是一个开放的环境，人体也是一个非常复杂的系统，即使外界所有的变量都能控制，但是人体又是不同的，相同刺激作用于不同人体所产生的反应也会不同（王统领，2010）。因此本书认为，虽然受历史和个人认识上的局限性的影响，我们只能在"某种程度和角度"总结"现代竞技的制胜规律"，但这种总结是对一定历史时期经验的总结，而我们面临的却是不断发展的未来的实践。

因此，我们反对把竞技体育的制胜规律看作是抽象的、死板的、凝固不变的，而主张随着时代环境的变化而变化，并且不断地总结和吸收现代竞技体育中的新经验、新内容，使我们的研究能够与时俱进，具有时代的特点。这就要求我们广大的体育科研工作者在竞技体育的实践中研究制胜规律时必须具有时代的先进性，必须不断地追踪、总结和吸收现代竞技体育的新内容、新特点、新经验，应该站在时代的高度，用长远的发展眼光，从竞技体育的基础理论出发，努力探索影响竞技体育发展的动因和内在联系，并用实事求是的态度将其应用到实践中去，接受实践的检验，并在实践中不断修正。

对竞技体育制胜规律的认识务必做到随着竞技体育时代环境条件的变化而及时转变,这是我们在丰富和发展有中国特色的体育科学理论时应当加以发扬的。同时,这对于解决我国竞技体育发展过程中的一系列问题一定会大有益处。

小　结

制胜规律描述的是实然状态,而我们研究制胜规律就是在寻求从实然状态到应然状态的转变,是为竞技体育的实践服务的。从实然状态到应然状态的转变,必然有人的活动,没有人的活动就不可能实现这两种状态的转变。因此,在研究运动项目的制胜规律时,也应该着重引导人们弄清楚怎样去认识和把握制胜规律的作用机制,从而科学地使用制胜规律。竞技体育实践的复杂性、不确定性、不可逆性决定了指导竞技实践的制胜是一件非常不容易的事情。我们要认识到制胜规律作用的同时性、复杂性、不均衡性和相对必然性,并用发展的眼光和方法看待与研究制胜规律。

第十三章　研究结论与建议

第一节 研究结论

本书以制胜规律为研究对象,运用文献资料法、专家访谈法、逻辑分析法、系统分析法等展开研究,在对已有研究进行梳理的基础上,对制胜规律的含义、性质、特征、研究方法、研究要素等进行系统的理论研究,提出项目制胜规律研究的基本理论框架以及一般性的操作方法,以期为今后我国的项目制胜规律研究工作提供有益的借鉴和帮助,得出的主要结论如下:

第一,我国体育界关于制胜规律的研究贯穿于竞技体育发展的过程始终,特别是同优势项目的发展息息相关,并呈现出明显的时间特征,共经历萌芽阶段、停滞阶段、初级探索阶段、深入探索阶段、全面探索阶段五个阶段,各个阶段研究展开的方面不同,发展的程度各异。

第二,我国体育界关于制胜规律的研究总体上存在着四个局限:概念不明确、研究内容狭窄、研究层次不清晰、研究缺乏项目特点。

第三,广义的制胜规律即运动项目的发展规律,指运动项目的普及、提高和发展与其影响因素之间的本质的、必然的、稳定的联系;狭义的制胜规律即运动项目比赛的取胜规律,指运动项目竞技体育比赛的取胜与其影响因素之间的本质的、必然的、稳定的联系。无论是广义的制胜规律还是狭义的制胜规律,其影响因素,特别是起主要作用的影响因素是制胜因素,是本书研究的重点。

第四,制胜规律是规律在竞技体育领域的表现,是规律的一种特殊形式,它具有规律的基本特点,如客观性、普遍性、内在必然性、历史性、可重复性等。除此之外,它还具有一些自身的特点:概然性、经验性、复杂性。

第五,制胜规律的研究属于社会科学研究的范畴。制胜规律的整体研究有"质的研究"和"量的研究"两种方法,这两种研究方法各有优缺点,在研究中应该做到有机结合、合理搭配。

第六,研究制胜规律的具体方法有文献研究、调查研究、实验研究、系统研究、数量研究、经验研究、案例研究。研究时需要根据具体情况灵活运用。

第七，对于广义制胜规律来说，后备人才培养、训练、竞赛、管理是制约现代项目健康发展的核心要素，每一个要素的实践操作过程如果处理不好，该项目的发展必然会受到影响，因此，这些核心要素是我们分析和研究的重点；对于狭义的制胜规律来说，运动员的竞技能力、教练员的行为以及参赛行为是我们研究的重点。无论是广义制胜规律的研究还是狭义制胜规律的研究，对这些研究重点（制胜因素）的分析过程就是制胜规律的提炼过程。

第八，制胜规律的提炼需要以下五个步骤：一是定本质、定对象；二是析要素，找联系；三是确定本质联系；四是论证做出结论；五是投入实践检验。制胜规律应该表述事物间、事物内部各要素间关系的可能或程度。

第九，竞技体育实践的复杂性、不确定性、不可逆性决定了指导竞技实践的制胜是一件非常复杂的事情。这就要求我们要科学认识制胜规律作用的同时性、复杂性、不均衡性和相对必然性，并用发展的眼光和方法看待与研究制胜规律，务必做到理论联系实际、实事求是地将其应用到实践中，接受实践的检验，并及时修正。

第二节　研究建议

本书通过对竞技制胜规律的含义、性质、特征、研究方法、研究要素等进行系统、深入的理论研究，提出了项目制胜规律研究的基本理论框架以及一般性的操作方法。为提高今后我国各运动项目制胜规律研究工作的科学性和合理性，笔者提出的主要建议如下：

第一，研究具体项目制胜规律时，应该以正确认识项目的本质和特征为前提，项目的本质和特征是项目制胜规律研究的基础，能够对项目制胜规律的研究起到指导作用。

第二，研究具体项目制胜规律时，应该结合制胜规律本身的特点，这样有助于我们更加科学、合理地认识项目的制胜规律。

第三,研究具体项目制胜规律时,应该同时研究项目的发展规律和比赛的取胜规律,并将两者有机地结合起来,统筹兼顾,指导项目的实践。

第四,研究具体项目制胜规律时,除了对各个制胜因素进行分析外,还应该注意制胜因素之间的整合,竞技制胜是各个因素作用规律的整体体现。

第五,研究具体的项目制胜规律时,本书研究框架可提供参考,但应该注意根据本项目的实际需要,突出特点。

第六,要用发展的眼光和方法看待与研究制胜规律,并用实事求是的态度将其应用到实践中去,接受实践的检验,并在实践中不断地修正。

第七,竞技体育制胜规律的研究不能仅局限于高水平的运动队,还应该针对青少年的培养体系展开研究,全面协调,真正做到项目的可持续发展和长久制胜。

参考文献

[1] 波塞尔.科学:什么是科学[M].上海:上海三联书店,2002.

[2] 蔡芳川,蔡青青,等.难美项群制胜因素的网络系统与运行规律[J].福建体育科技,1995(3):97-101.

[3] 曹景伟,刘爱杰,等.皮划艇项目短期内实现奥运金牌零突破的系统思考[J].天津体育学院学报,2005(2):1-10.

[4] 陈立人,袁守龙.把握规律　主动创新　力求突破[J].北京体育大学学报,2007(9):1153-1155.

[5] 陈向明.质的研究方法与社会科学研究[M].北京:教育科学出版社,2000.

[6] 陈小平.运动训练的基石——"超量恢复"学说受到质疑[J].首都体育学院学报,2004(4):3-7.

[7] 陈晓端.当代教学范式研究[J].陕西师范大学学报(哲学社会科学版),2004(5):113-118.

[8] 陈雪梅,李新红,等.亚洲女排制胜因素分析[J].解放军体育学院学报,2004(4):61-63.

[9] 程冬美,王兵,等.运动训练理念探析[J].广州体育学院学报,2008(1):79-84.

[10] 程勇民.论羽毛球双打项目的制胜规律及男双竞技能力的核心[J].山东体育学院学报,2006(1):83-84,101.

[11] 崔大林.皮划艇项目训练科学化探索[J].北京体育大学学报,2004(12):1585-1591.

[12] 邓运龙.认识运动项目本质的矛盾分析法与基本内容[J].沈阳体育学院学报,2008(1):66-70.

[13] 邓运龙.运动员科学选材现状与展望[J].四川体育科学,2001(4):23-25.

[14] 杜仕菊,程明月.系统观念与"十四五"时期经济社会发展的原则[J].思想理论教育导刊,2021(3):51.

［15］高方君.程序化参赛若干问题的研究［D］.上海：上海体育学院,2009.

［16］高明,段卉,等.基于 CiteSpaceⅢ的国外体育教育研究计量学分析［J］.
体育科学,2015(1):4-12.

［17］郭蓓.射箭项目制胜规律探讨［J］.体育科研,2006(4):64-70,74.

［18］韩学民,申海军,等.建国 60 年中国竞技体育发展研究［J］.体育文化导
刊,2009(8):55-57.

［19］何盛明.财经大辞典［M］.北京：中国财政经济出版社,1990.

［20］黑格尔.小逻辑［M］.北京：商务印书馆,1981.

［21］侯海燕.基于知识图谱的科学计量学进展研究［D］.大连：大连理工大
学,2006.

［22］华岗.规律论［M］.北京：人民出版社,1982.

［23］巨乃岐,宋海龙,等.规律范畴新论［J］.哈尔滨学院学报,2007(11):
11-16.

［24］康德.纯粹理性批判［M］.北京：人民出版社,2004.

［25］黎涌明,李欣,等.皮划艇激流回旋项目特征探索及其对训练的启
示［J］.天津体育学院学报,2010(2):134-138.

［26］李端英.中国运动训练学的范式及其演进［D］.北京：北京体育大
学,2008.

［27］李金珠,于建成.中国田径优势项目制胜规律探析［J］.河北体育学院学
报,2006(1):10-12.

［28］李少丹.对专项训练方法的哲学思考［J］.北京体育大学学报,2007(6):
834-836.

［29］李欣.皮划艇激流回旋项目特征研究［J］.北京体育大学学报,2009(1):
109-111.

［30］李叶.邓小平"利用外国智力和扩大对外开放"重要谈话发表 30 周年座
谈会在京举行［EB/OL］.(2013-07-11)［2014-08-10］.http://politics.
people.com.cn/n/2013/0711/c1001-22159742.html.

［31］李益群,柴国荣,等.博弈制胜与竞赛中的心理战［J］.中国体育科技,

2000(1):34-36,39.

[32] 李永坤,孙晓鹏.中国女子竞技举重运动技术发展的现状及趋势[J].广州体育学院学报,2001(1):107-109.

[33] 梁晓杰,张斌.2008年奥运会我国现代五项运动制胜要素研究[J].北京体育大学学报.2007(2):255-257.

[34] 梁学增.冰壶溢激情 溜动走世界[N/OL].黑龙江日报评论,2010-02-21[2014-07-06]. https://heilongjiang. dbw. cn/system/2010/02/21/052364595. shtml.

[35] 列宁.列宁全集(第38卷)[M].北京:人民出版社,1959.

[36] 列宁.列宁选集(第2卷)[M].北京:人民出版社,1972.

[37] 刘爱杰,袁守龙,等.我国皮划艇科学训练的探索[J].北京体育大学学报,2002(6):831-833,840.

[38] 刘丹.球类运动训练理念批判[M].北京:北京体育大学出版社,2006.

[39] 刘鹏.在第20届冬奥会中国体育代表团总结大会上的讲话[R/OL].(2006-03-01)[2014-01-12].http://www. sport. gov. cn/2006-03-01.

[40] 刘卫东.竞技篮球运动制胜规律的研究[D].苏州:苏州大学,2008.

[41] 刘翔现象与训练理念的转变[N/OL].中国体育报,2006-09-12[2014-03-17]. http://sports. sina. com. cn/s/2006-09-12/1037972758s. shtml.

[42] 刘则渊,陈悦,等.科学知识图谱方法与应用[M].北京:人民出版社,2008.

[43] 龙斌.训练负荷与竞赛的定位与辩析[J].广州体育学院学报,2002(4):53-55.

[44] 陆永平.规律的对立逻辑和辩证形式[J].南通大学学报(社会科学版),2007(1):41-45.

[45] 罗家德.社会网分析讲义[M].北京:社会科学文献出版社,2010.

[46] 马捷莎.思维规律的两种类型辩析[J].中山大学学报(社会科学版),1998(2):2-5.

[47] 马克思,恩格斯.马克思恩格斯选集(第 4 卷)[M].北京:人民出版社,1995.

[48] 马克思.资本论(第 3 卷)[M].北京:人民出版社,1965.

[49] 马文才.举重运动训练内容、项目的发展趋势[J].山东体育学院学报,1995(1):61-63.

[50] 孟凡甫,杨麟.对竞技网球本质及其制胜规律的再认识[J].北京体育大学学报,2007(S1):589-591.

[51] 倪志安.论理论联系实际原则——关于应用马克思主义哲学的方法论原则探讨[J].西南师范大学学报(哲学社会科学版),1997(2):5-10.

[52] 钱学森.创建系统学[M].太原:山西科学技术出版社,2001.

[53] 乔平,周强.竞技战术与谋略[M].广州:广东人民出版社,2002.

[54] 邱芬,姚家新.现代运动心理技能训练研究现状及未来走向[J].武汉体育学院学报,2007(2):44-48.

[55] 邱瑞瑯.技击性运动概论及其制胜原理之研究[D].上海:上海体育学院,2006.

[56] 申彦昌.武术散打竞技制胜规律研究[D].北京:北京体育大学,2006.

[57] 宋丽华,魏军.吉林省田径后备人才可持续发展的对策[J].吉林师范大学学报(自然科学版),2008(1):113-115.

[58] 宋雯.世界体操强国制胜探秘[J].成都体育学院学报,2001(3):68-71.

[59] 孙宝根.论规律[J].江苏教育学院学报(社会科学版),2008(5):51-53,57.

[60] 孙民治.篮球高级教程[M].北京:人民体育出版社,2004.

[61] 孙民治.篮球运动高级教程[M].北京:人民体育出版社,2001.

[62] 田麦久.运动训练学[M].北京:人民体育出版社,2000.

[63] 万仲平,眭小琴,等.雅典奥运中俄女排决赛制胜因素的分析[J].北京体育大学学报,2005(6):862-863.

[64] 王君侠,谭燕秋.竞技体育教练体系[J].西安体育学院学报,2000(3):27-30.

[65] 王瑞元.运动生理学[M].北京:人民体育出版社,2002.

[66] 王统领.关于科学训练的哲学思考[J].山东体育科技,2010(3):1-3.

[67] 王卫星,彭延春.运动员体能与技战术发挥的关系[J].北京体育大学学报,2007(3):289-293.

[68] 王卫星.2004年中国皮划艇运动员的体能训练特点与实践[J].山东体育学院学报,2005(2):5-8.

[69] 王长生,张国兵.21世纪初国际运动心理学研究方法范式探微[J].三峡大学学报(人文社会科学版),2006(1):102-109,113.

[70] 王智勇,冯文全,等.对速滑短距离项目特征的思考[J].冰雪运动,2009(3):13-16.

[71] 温佐惠,刘均,等.竞技武术套路制胜因素与谋略的研究[J].成都体育学院学报,2005(1):76-79.

[72] 沃嫩其.对我国长距离速滑制胜规律的探讨[J].冰雪运动,1997(3):11-13.

[73] 吴唤群,张晓鹏,等.中国乒乓球竞技制胜规律的科学研究与创新实践[M].北京:人民体育出版社,2009.

[74] 吴畏.社会规律问题研讨综述[J].武汉大学学报(哲学社会科学版),1997(5):51-55.

[75] 夏秀亭.对蹦床本质及制胜规律的认识[J].辽宁体育科技,2002(3):15-16.

[76] 肖天.对实现我国冬奥会金牌零的突破的哲学思考[J].体育文化导刊,2003(11):3-7.

[77] 徐本力.运动训练学[M].济南:山东教育出版社,1990.

[78] 杨桦.竞技体育与奥运备战重要问题的研究[M].北京:北京体育大学出版社,2004.

[79] 杨桦.论篮球运动的本质、特征及规律[J].成都体育学院学报,2001(4):60-62.

[80] 杨建军.科学研究方法概论[M].北京:国防工业出版社,2006.

[81] 杨杰.运动决策的描述性范式研究[D].长春:吉林大学,2005.

[82] 叶建平.应把竞技体育交给市场[N/OL].经济参考报,2007-04-23
　　　[2014-02-10]. http://www. jjckb. cn/bjjs/2007-04/23/content ＿
　　　46785.htm.

[83] 叶侨健.从系统论的观点看管理学的形式更新[J].系统辩证学学报,
　　　1995(1):96-101.

[84] 尹正达.对战争规律与战争指导规律的再认识[J].南京政治学院学报,
　　　2007(5):87-89.

[85] 于华蔚.理论联系实际是中国共产党百年奋斗的根本遵循[J].西安财
　　　经大学学报,2022(3):46.

[86] 翟兆峰.体育人文社会学理论范式研究[D].曲阜:曲阜师范大
　　　学,2007.

[87] 张翠.略论社会规律的本质与特点[J].长江论坛,2010(2):11-14.

[88] 张嘉同,沈小峰.规律新论[M].北京:中共中央党校出版社,1993.

[89] 张英波.田径体能训练[M].北京:人民体育出版社,2005.

[90] 赵国明.高水平跳水运动员备战重大比赛心理干预模式的理论构建与
　　　实证研究[D].上海:上海体育学院,2009.

[91] 赵洪明.对竞技体操制胜规律的再认识[J].南京体育学院学报(社会科
　　　学版),2002(6):102-105.

[92] 郑伟涛,李全海,等.帆船帆板运动项目特征与制胜规律初探[J].武汉
　　　体育学院学报,2008(6):44-47,60.

[93] 郑晓鸿,吴铁桥.对运动员科学选材若干问题的思考[J].首都体育学院
　　　学报,2003(3):21-22.

[94] 钟秉枢,于立贤,等.我国竞技体育职业化若干问题的研究——兼论深
　　　化我国运动项目管理体制改革[J].北京体育大学学报,2002(2):145-
　　　147,169.

[95] 周成海.客观主义—主观主义连续统观点下的教师教育范式:理论基础
　　　与结构特征[D].长春:东北师范大学,2007.

［96］周明.用辩证的观点分析游泳训练中的几个关系[J].体育科研,1994(3)：
　　　1-6.

［97］朱佳滨.短道速度滑冰战术理论体系的构建及其应用[D].北京:北京
　　　体育大学,2008.

附　录

附录一　专家访谈提纲

1.规律中的关系指的是什么样的关系？

2.规律概念表述时应该注意什么？如何表达？

3.制胜规律的性质如何？

4.如何研究规律？

5.规律的表现形式是什么样的？

6.制胜规律概念的表达有哪些注意事项？

附录二　我国竞技制胜规律研究文献高频关键词统计表

序号	频次	关键词	序号	频次	关键词
1	139	制胜规律	25	7	技战术分析
2	62	制胜因素	26	7	女子
3	48	技战术	27	7	体操
4	44	羽毛球	28	7	篮球
5	34	网球	29	7	竞技体操
6	25	训练	30	7	制胜
7	25	乒乓球	31	6	创新
8	24	竞技体育	32	6	世锦赛
9	19	规律	33	6	世界杯
10	18	奥运会	34	5	优势项目
11	15	女子双打	35	5	竞技健美操
12	14	技术	36	5	研究
13	13	中国	37	5	运动员
14	12	分析	38	5	项目特征
15	11	新规则	39	5	足球
16	10	运动训练	40	5	技战术特征
17	10	体能训练	41	5	发展
18	9	特征	42	5	得失分
19	9	男子双打	43	5	男子单打
20	9	战术	44	5	因素
21	8	排球	45	5	后备人才
22	8	体能	46	5	中国女排
23	8	竞技篮球	47	5	优秀运动员
24	7	竞技能力	48	5	影响

续表

序号	频次	关键词	序号	频次	关键词
49	4	三从一大	77	3	技术风格
50	4	中国网球公开赛	78	3	空手道
51	4	女子单打	79	3	单打
52	4	澳大利亚网球公开赛	80	3	特点
53	4	理论创新	81	3	竞技
54	4	训练学	82	3	里约奥运会
55	4	运动训练学	83	2	回合系统
56	3	纳达尔	84	2	跨栏
57	3	专项特点	85	2	重点运动员
58	3	举国体制	86	2	中长跑
59	3	男子	87	2	法网
60	3	中国男排	88	2	对比分析
61	3	可持续发展	89	2	cba
62	3	策略	90	2	哲学思辨
63	3	田径运动	91	2	致胜规律
64	3	强度	92	2	相关性
65	3	全运会	93	2	速度滑冰
66	3	三十六计	94	2	世界高水平女排
67	3	专项特征	95	2	启示
68	3	跆拳道	96	2	个人决赛
69	3	广州亚运会	97	2	项目特点
70	3	乒乓球运动	98	2	空手道组手
71	3	男子体操	99	2	程序化
72	3	体育舞蹈	100	2	得分因素
73	3	青少年	101	2	开发
74	3	分竞赛过程	102	2	蹦床
75	3	竞赛规则	103	2	亚运会
76	3	体系	104	2	2000 年奥运会

续表

序号	频次	关键词	序号	频次	关键词
105	2	难度动作	133	2	运动训练理论
106	2	短距离场地自行车	134	2	女单
107	2	核心竞技能力	135	2	体操比赛
108	2	教练员	136	2	训练方法
109	2	竞技网球	137	2	职业联赛
110	2	三从一大训练原则	138	2	摔跤
111	2	刘翔	139	2	健美操
112	2	力量	140	2	比赛
113	2	竞技实力	141	2	影响因素
114	2	竞技水平	142	2	澳网
115	2	李娜	143	2	科学化训练
116	2	耦合	144	2	单节
117	2	羽毛球比赛	145	2	因子分析
118	2	乒乓球训练	146	2	参赛
119	2	西班牙	147	2	击剑
120	2	竞技排球	148	2	高水平运动员
121	2	中国羽毛球队	149	2	备战策略
122	2	29届奥运会	150	2	新赛制
123	2	中国男篮	151	2	竞技实践
124	2	速度	152	2	啦啦操
125	2	南拳	153	2	世乒赛
126	2	理论	154	2	散打
127	2	羽毛球项目	155	2	德约科维奇
128	2	专项体能	156	2	技战术运用
129	2	技术指标	157	2	基本单元竞技过程
130	2	打法类型	158	2	花样滑冰
131	2	动态	159	2	竞技能力模型
132	2	探讨			

附录三　我国竞技制胜规律研究文献核心作者统计表

序号	频次	作者	序号	频次	作者
1	4	程勇民	27	2	包大鹏
2	4	夏娇阳	28	2	杜庆
3	4	芦平生	29	2	马丽娜
4	3	张欣	30	2	柳鸣毅
5	3	刘青	31	2	曹景伟
6	3	王健	32	2	杨春涛
7	3	吉承恕	33	2	许天赜
8	3	张运亮	34	2	沈萌芽
9	3	贾嘉	35	2	张晋
10	3	谢云	36	2	贺红芳
11	3	白净	37	2	马倩
12	3	李宗浩	38	2	姚辉洲
13	3	孙敬	39	2	樊谦
14	3	肖林鹏	40	2	唐鑫
15	3	吕雪松	41	2	张驰
16	2	刘秀峰	42	2	袁守龙
17	2	罗智	43	2	席翼
18	2	宫士君	44	2	叶芳
19	2	郭玉峰	45	2	于晖
20	2	谭亮	46	2	李圣
21	2	甄志平	47	2	苏晓敏
22	2	董鹏	48	2	刘建和
23	2	何元春	49	2	王珽珽
24	2	邱瑞瑯	50	2	王之春
25	2	吕万刚	51	2	钟秉枢
26	2	刘钦龙	52	2	李斌